千寻

总 策 划　孙莉莉
选题策划　姚湘竹
项目编辑　云海燕
责任印制　盛　杰
装帧设计　萝　卜
版式设计　邓国宇
内文排版　刘　杨

塔利老师的教室

孩子们，我们来说故事

[美]薇薇安·嘉辛·佩利/著
杨茂秀/译

In Mrs. Tully's Room: a Childcare Portrait

云南出版集团 晨光出版社

Preface
总序

我们大家的佩利

林文宝

台东大学荣誉教授，台东大学儿童文学研究所创所所长

薇薇安·嘉辛·佩利（Vivian Gussin Paley）是目前美国学前界的大师级人物。她于 1987 年获埃里克森机构颁发的儿童服务奖，1989 年获麦克阿瑟奖，1998 年获前哥伦布基金会（Before Columbus Foundation）颁发的美国图书终身成就奖，1999 年作品《手拿褐色蜡笔的女孩》（*The Girl with the Brown Crayon*）获全国英语教师委员会（National Council of Teachers of English）授予的大卫·罗素（David H. Russell）英语杰出教学奖，2000 年获约翰·杜威协会颁发的社会杰出成就奖。

佩利最早在新奥尔良的幼儿园教学，后来返回芝加哥，任教于芝加哥大学附属幼儿园，1997 年退休。在佩利共计 37 年的教学生涯中，有 24 年是在芝加哥大学附属幼儿园服务。

退休后，佩利开始到欧洲、亚洲各地旅行，亲身与第一线学前教师对话，希望老师多给孩子说故事，还给孩子游戏的空间。她认为说故事是创意的来源；她也强调专注力与想象力的重要性。2002 年 12 月，她为制定早期儿童学习计划的美国教育部工作人员进行了一场演讲。她认为过去有些立法者已经对游戏与戏剧失去信心，觉

得那是浪费时间，所以提倡孩子从小就要学习知识。但是，人类就像其他哺乳动物一样，幼儿期都有许多游戏，他们在游戏中学习，这是他们的本能。她告诉立法者，别因为大家都忽略，就以为游戏与戏剧是浪费孩子的时间，其实，孩子是在游戏当中学习到人生各阶段都需要的思考、语言及想象力的。

因此，佩利在新奥尔良教书期间，即开始思考如何在幼儿园中运用可行的游戏扮演的方式与孩子互动，促进孩子的智力发展。

她在整个教学生涯里，对幼儿进行了深入观察与深刻反思，为了收集数据，她运用录音的方式，将教室中师生的对话记录下来，以便事后听取及分析这些对话之间的关系。这种方式有助于她思考幼儿之间独特的沟通模式，而这段时间累积的许多的观察经验，也为佩利日后的写作奠定了基础。她的每一本书都包含了一个探讨的主题，而书写的方式，往往是从一个小故事或是小事件出发，进行对话、讨论与分享，而非量化的说明与论述。

总之，她在幼儿园中提倡“游戏本位教学法”，认为游戏才是孩子最重要的功课。

至于将佩利著作引进台湾者，首推光佑文化事业股份有限公司，该公司于 1984 年即有黄又青译《男孩与女孩：娃娃家的超级英雄》，但其间用心用力最深者，则不得不提到杨茂秀这个人。

在台湾，杨茂秀几乎与儿童哲学画上等号。他在 1975 年 7 月的《鹅湖月刊》上发表了一篇《儿童哲学》，也因此走上了儿童哲学的“不归路”，并于 1990 年成立财团法人毛毛虫儿童哲学基金会。哲学始于惊奇，而孩童正处于好奇心与惊异之心最活泼的时期，应该是哲学播种的最好时机。这个基金会创立的目的，在于推广对儿童哲学的研究、教学与出版，它与美国儿童哲学促进中心（IAPC）有充分的合作。基金会亦曾主办过世界性的儿童哲学会议，培训过上千位故事妈妈及儿童哲学教师，出版毛毛虫月刊及相关书籍，创办了毛毛虫学苑，培养图画作家、哲学教师，目前仍在发展中。

或许佩利的教育理念与基金会契合，于是杨茂秀致力于推广与翻译佩利的作品，并且在杨茂秀的推动下，佩利的作品也渐渐广为学前教育界所接受。而2002年底，杨茂秀更是邀请佩利来台湾作教学讲座与故事说演，且在佩利来台之前编印了《认识佩利》（2002年11月）一书，销售盛况空前。

个人在大陆的许多讲座中，时常介绍佩利的作品。几年前，有孙莉莉造访台东书楼，见书楼中有佩利译著，除惊奇不已，更如获珍宝，慎重地选择几本带回北京，并将佩利的作品推荐给禹晨，而禹晨亦将佩利系列作品当作重点项目，几经周折亦已取得其中十本的授权。

而今主编问序于我，因缘与巧合我似乎不宜推辞。虽然，最合适写序的应该是杨茂秀，但十本译文中已有杨茂秀四本译文与多篇的序文，作为同学、朋友与同事的我，偶尔僭越来做二手推介，谁说不宜？我的推介词：

佩利，是我们大家的佩利！

想明白其中的道理，

就买她的书读读！

“这是一个极其痛苦的发现过程，除了漫长的探索，我们没有捷径。”

——罗杰·阿斯卡姆（Roger Ascham），

《论教师》（*The Schoolmaster*）（1570）

In Mrs. Tully's Room: a Childcare Portrait

1

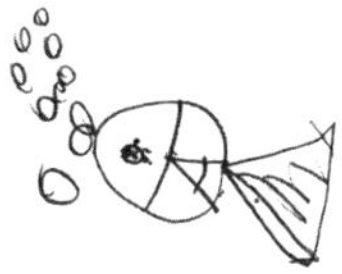

在退休后的第五年，我成了大家热情邀约的好对象。一位高个子、黑皮肤，满脸笑容的女人，交给我一本书，请我签名，接着，她说："你想看看最年轻的说故事的人吗？两岁哦！"这真是一个难以拒绝的邀约。

她的名牌上写的是"莉莲·塔利，芝加哥市，伊利诺伊州"（Lillian Tully，Chicago，Illinois），可是，她的口音却是新奥尔良口音。新奥尔良是我教学生涯的起点，不过我教的孩子不是两岁的小不点儿。"你的邀约很诱人，"我说，"我不了解两岁的小孩。"

"其实啊，他们说故事最大的特点是，都很短。"她一面笑，一面把名字、住址和电话号码，一个字、一个字清楚地写下来，交给我。“我们还把小孩说的故事演出来，就像你做的那样。至少，我觉得是那样。但是那看起来似乎太简单了。也许你可以告诉我，我是不是少做了什么东西？”

那的确似乎是太简单了。许多年来，我走进教室，邀请小孩说出他们的故事，好让我们能将那些故事演出来。虽然他们不认识我，但是都很想帮我这个忙，他们就好像一直等在那，等着我去邀请一样。如今认识了这么一位心里也在想这件事为什么会这么容易的老师，真是太好了！

接下来那个星期，我就去了那个托儿中心，它位于市里最老旧的区域。办公室门前挂着一个小牌子：“莉莲·塔利，中心主任兼资深教师。”她请我坐在椅子上，接着就有八个两岁的小孩很快地把我团团围住了，他们钻来钻去。稍后我会去看三岁、四岁和五岁的孩子，我能很容易地想象到，这些大一点的孩子会慢慢地来说故事，可是这些两岁的小孩好像更感兴趣的是，在最短的时间里快速地从一项活动转移到另一项活动中。

地板上那些软软的大枕头，可以在他们跌倒的时候保护他们，而且，大人的怀抱也会给他们提供更多的安慰，可是，这种停停走走的节奏，和我以前的教室很不一样。对我来说，这真是一个陌生的领域呀。真的，这些孩子还太小，实在不宜离家，而且，好像只要是他们摸到的东西，就都是他们的。“我的！”他们宣布，然后继续跑来跑去。这是一个运动中的娃娃角，在那里孩子本身就是玩偶娃娃，他们把手推车和篮子里的用品带到房间的每一个角落。塔利老师和她的同事，康妮和莫琳，每次都和走过她们身边的孩子打招呼，叫出他们的名字，也说出他们走向的目的地，为他们的来去建立了目的性。

有一个男孩名叫亚力克斯，走过来靠在塔利老师的椅子上。“妈妈。”他说，他的老师把“妈妈”两个字写在纸上。然后她等着，笔还在空中：“你说妈妈？”

“妈妈。”他又说，说完就走了。他这一走，老师便没有办法再让他说什么了。“妈妈”就是那天的第一个故事。接下来的三十分钟，这个故事将和另外几个口述故事一起被演出来。这些两岁的小孩在做别的事情的同时，也在做故事。是的，我们选择用“做”（Doing）这个动词。

瓦莱丽是一个很认真的小女孩，她的头发绑成辫子，辫子上还系着丝带，穿着粉红色的夹克，她从娃娃角走过来，把我带到一个地毯前面。“我们在做故事哦！”她说，郑重地盯着塔利老师怀里的那张纸。

也许，瓦莱丽想知道她的话是否完整。我班上的一个三岁的孩子，在第二次或者第三次听完《胡萝卜种子》[1]（*The Carrot Seed*）的故事后，似乎有点生气了，因为故事中小男孩的家人仍然在不断地告诉他，他的胡萝卜种子是不会发芽的。“他们上一次也是这样说。”[2]她抗议道。

可能我对上面所讲例子的细节记得不是很准确了，不过，可以肯定的是，在塔利老师的教室中，两岁的小孩已经学到了一些说故事的经验。首先，他们学到的是：话是谁说的，以及那些话的意思是什么。

“我们现在来做亚力克斯的故事。”塔利老师决定，然后

---

[1] 美国图画书作家露丝·克劳斯（Ruth Krauss）的代表作。书中的小男孩，面对大人们的质疑，以儿童特有的执着，坚定自己的愿望，并尽全力去实现它，最后获得了丰厚的回报。

[2] 原文为“They did that the other time”，此处小女孩的话有语法错误，上一段中瓦莱丽的话也同样存在语法错误。佩利此处想表达的是两三岁的孩子在语言表达上通常是不规范的，不过“做故事”这一活动，锻炼了他们的语言能力。

把他的故事纸举得很高。亚力克斯走到地毯中央站着，一动也不动，双臂交叉抱在条纹衬衫上。“妈——妈——”塔利老师念道，她把这两个字拉得长长的，像是一个句子。

“再做一次。”小个子的安杰拉轻声说道。塔利老师点点头，又说了一次：“妈——妈——”这一次比刚刚的更慢，仿佛她跟孩子们开始跳起了华尔兹舞。亚力克斯的眼睛发亮了，他看向安杰拉，同时把双手举高，超过了他的头。

“轮到我！轮到我！我！”安杰拉叫道，然后，亚力克斯把安杰拉拉到地毯中央。老师第三次将“妈妈”故事像史诗一般念了出来，接着，第四次、第五次，一直到八个孩子全部都演过才停止。每一次演出，这个角色都有孩子们自己内在的逻辑：有的人踮着脚尖走，有的人弯下腰去摸地毯，有的人还把两只眼睛闭起来，全身摇摆着。每一次新的诠释，都充满悬念。最后一个是西蒙娜，她说：“亚力克斯，你看我。我是妈妈。”

我的脑海里浮现出了塔利老师的话：“也许你可以告诉我，我是不是少做了什么东西？”可是，我想的是，她获得了什么东西，我当场看到了两岁的小孩所演的戏剧逐渐展现出来。除了将角色演活了之外，他们同时也把自己彰显了出来，这种能力令人瞠目结舌。他们在做故事。这个“做”超越了说和假扮；“做”是最终阶段，或者说至少是在某一个特定的时段里，将许多事件整合起来。

塔利老师并不急于将这些经验推出来；我在我以前的教室里也不急。我也是慢慢地学会慢下来，让每一幕自己展现出来。事实上，我在教学生涯的中期，将我的幼儿园延长为全天，为的就是要有更多的时间来做故事。这个改变标志着我开始了一种新的教学方式，重新建构每一天教室里所发生的事情的意义。

“我们现在来做西德尼的故事。”塔利老师说。他的故事有三个字，现在看来那三个字的故事对我来说已经算是长的了。“妈妈擦。”塔利老师念了出来。我注意到西德尼的那张故事纸的上面有很多潦草的笔画，好像是要表现擦的动作。

“她擦的是桌子吗？”塔利老师问。“是汤勺，是盘子。”西德尼回答。好像有魔法一样，当这个故事的作者跑过去擦孩子们的手臂，擦他们的头时，每一个孩子都变成了弯弯曲曲的东西。瓦莱丽的故事剧本也同样明确。“抱我上床睡觉”是她的剧本，她在七个蜷缩的小宝宝中间滑来滑去，拉着想象的床单。她对着亚力克斯说:“睡吧，睡吧。”亚力克斯的头轻轻地、慢慢地垂了下来。

这些两岁的小孩以短跑健将的速度，冲达一出戏的本质。不管他们演出的是什么，好像都伴随着这么一句话:“你是我的朋友，因为我在你的故事里。”在操场上，我告诉塔利老师，我很羡慕她做故事的方式。“和这些两岁的小孩玩，这是一种完全的团队体验！几乎与他们处理其他事情的方式完全相反。我顺便问一下，他们的故事总是离不开妈妈吗？”

“是的，可以这么说。”她说，“这似乎是他们说故事最好的理由，你想想看，你两岁的时候，心中也总是想着妈妈。让大家都根据你的要求来和你一起做一些事，也许这样你就不会那么孤单了。”

她突然站起来，接住从滑梯上滑下来的安杰拉，我盯着她看，心里想着：莉莲·塔利到底是谁？她是“真正最年轻的说故事人”这个领域中的一位渊博的思想家。我不想离开这个地方，在这个地方我见识到了一种表达故事的新方式。我过去一直认为，心中有妈妈是理所当然的事，可是，突然间，心中有妈妈这件事似乎成了一个关键的推动力，一个首要因素，它使孩子在这个年龄把脚步放慢来说故事。

“不过，谁知道还在发生着什么。”塔利老师说着，坐回到凳子上，“你不觉得这很神秘吗？我是说，这些小宝贝在说故事，好像天生就会。有意思的是，我在学术会议上遇到的人中，绝大多数根本都不知道两岁的小孩会说故事。虽然，说故事和玩没有什么差别。”

不过，对有些孩子来说，即便是玩耍也是神秘的。“有一个男孩，名叫保罗，”我告诉塔利老师，“他三岁，在我的幼儿园。他不肯离开我的身边，上学的头两个星期，不是拉着我的手，就是坐在我的怀里，或者是靠在我身上，我到哪里，他就跟到哪里。后来，有一天，在操场上，他问我，‘为什么这些小孩在这里？’这个问题他已经想很久了。很显然，大人的解释，他不懂，对他来说，即便是孩子的玩耍，也让他感到困惑。”

西德尼提着一桶沙子，倒在塔利老师的脚下。然后，他拿一把汤勺，一勺一勺地将沙子舀回桶里去，一面注意倾听大人的对话。“终于，到了第三个星期，有一个男孩，是保罗经常注意的人，来说故事让我记录。我记下故事时，保罗坐在我的怀里，当我们把故事演出来时他仍然在我的怀里。但是，当那个小男孩走到演故事的地毯中央时，保罗从我的怀里溜了下去，跟随着他。从那之后，保罗就开始小心翼翼地玩耍了，起初他只跟这个男孩玩，但是，危机已经过去了。”

“那个故事是什么呢？”塔利老师问，一面拍拍西德尼的头，把他头上的沙子扫掉。

“仅仅是一个词而已，是一个亚力克斯式的故事。他说的是一个男生的名字，弗雷德里克。但是，它却使保罗豁然开朗。也许，‘弗雷德里克’只是妈妈故事的另一种版本。”

“你的意思是说，我还是那个在家跟妈妈在一起时的我？或者，也许甚至是说：这就是我。第一步，请看我；第二步，假装你是我。是这个意思吗？”

“第三步，”西德尼小声地自言自语，用装满沙子的汤勺戳戳塔利老师脚上的鞋。他用汤勺把沙舀回桶里，这样虽然舀得很慢，但是可以有条不紊地持续地舀啊舀的，而且可以在塔利老师身边停留得更久一点。

我也一样。我要一小勺、一小勺地将我的小故事喂给她，这样，我们可以来来回回，一面观察孩子们玩耍，一面交换意见。自从我退休离开教室以来，很久没有机会享受这种让心灵充满假设与好奇，悠游于如果与为什么之间的快乐境界了。很快，塔利老师又会给我很多故事，让我去沉思冥想，而我即将探索的这些故事的主人翁，才离开妈妈身边不久呢。

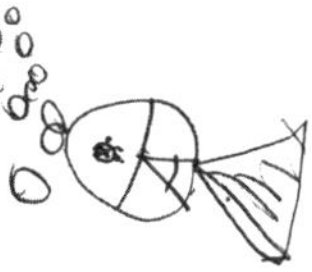

通常，她和两岁的小朋友一起吃点心。“大一点的孩子，比较有耐心。”她说，“即便我午餐之前没有来到他们面前，他们也不会因为我没来而忧虑。所以，通常情况下，我会和两岁的小朋友一直待到他们午睡为止。”

很显然，孩子们是在等着听故事。“小时候，当我是小女孩时，我的头上绑着一条丝带。”塔利老师开始说，“妈妈让我们喂小鸡。”

玛丽亚开口唱出声：“啦——啦——啦——哪——”

“不错，宝贝，是在路易斯安那。”孩子们知道这个地方是塔利老师的家乡，当她是一个小女孩时，在那里，她的头上绑着丝带。“我们有一头奶牛，名叫米兰达。我跟你们说过她吗？她让我们喝到味道鲜美的甜牛奶，甜得就像是……”

“藤蔓上的吸蜜花（honeysucker onabine）[1]。”瓦莱丽接下去，将塔利老师的句子讲完。塔利老师又重复一遍：“甜得像是藤蔓上的金银花。米兰达的奶就是那么甜。”

突然，我想要告诉大家，我们住在新奥尔良的时候，我们家院子里的金银花藤蔓爬满了山茱萸树，我的两个小儿子把这一景象称为“杰克与魔豆[2]”。我从来没有跟我幼儿园里的孩子说过“杰克与魔豆”这个故事，我也不知道为什么没说。不管怎么样，在这个教室，是塔利老师的“藤蔓上的吸蜜花”，我的就不必说了。

她在等装果汁的杯子晾干。“我们是这样喂我们的小鸡。把你们的手掌合成一个杯子的形状，就像这个样子，然后，让妈妈把黄色的玉米倒进你的手杯。好了，然后你们说，‘小鸡，小鸡，来，来吃玉米。’那些小鸡就全都跑过来。奶牛

---

[1] 此处为瓦莱丽发音错误。正确拼写应为 honeysuckle on the vine（藤蔓上的金银花）。

[2] 英国童话故事。讲述了杰克通过一头奶牛换的魔豆所种出巨大的藤蔓爬到巨人国，利用智慧从巨人国得到财富的故事。

米兰达看见成群跑的小鸡，就会大声地笑，‘呣——哈——哈——呣——’”

这些小宝贝们学着他们的老师做出音效，学鸡叫，学牛笑，老师又倒更多的饲料给他们，教室里充满喂鸡的合唱声。每一个孩子都把手中想象的金黄玉米洒向空中，然后看着它们落地。一个简单的故事，可以轻而易举地让一群孩子活跃起来，这是众所周知的，但是，这些两岁小孩的高涨的情绪，远远超出了喂鸡吃东西及其反应本身。他们跟随着塔利老师，进入她的妈妈故事，如同进入亚力克斯的妈妈故事一般，一点都不费力，虽然，她描绘的场景是他们以前没有经历过的。

“你的妈妈在哪里？”亚力克斯想要知道，他握住老师的小手指头。

“我妈妈在哪里？可能在家里炖肉，里面有红萝卜、豆子、卷心菜和番茄。”

“他[1]自己做吗？”亚力克斯继续问。

“哦，可能有人在帮助她是吗？”塔利老师暗示说。

“嗯——嗯——，我就自己一个人。‘那我就自己做。’”

---

[1] 原文为“hisself”，是亚力克斯的错误表述。

亚力克斯一面引述着一句话，一面往书架走去。“小红母鸡说，我自己做！”他抱着那本书，走到他的老师身边，接着把书塞到老师的手里。[1]

午睡时间，在渐渐暗下来的房间里，八位睡眼惺忪的小宝贝倾听着他们熟悉的问题。“谁愿意来帮我种种子？”在孩子们入睡前，猫、狗、鸭子，都会得到它们应得的惩罚。稍后，亚力克斯的妈妈来接他回家，他告诉妈妈：“那些动物不愿意帮助小红母鸡。”她回应说：“可是，我的宝贝，你愿意帮忙，对不对？”

在塔利老师的教室，孩子们被言语、动作、书本和歌曲构成的令人安慰的和持续的叙述所牵引。塔利老师非常熟悉这种情景，领着孩子们一步一步走进她小时候的记忆。我本来是来看最年幼的孩子说故事，可是，我看到的却是一个家庭的再生和剧场的发明。

莉莲·塔利并不用“剧场”（theater）这个词，她说的都是家庭（home）与集体（community）。“当孩子们做他

[1]《小红母鸡》（*The Little Red Hen*）是一个寓言故事，讲述了一只小红母鸡通过辛勤的劳动做出面包，而其他动物们却想不劳而获，与她“分享”劳动成果的故事。后被迪士尼改编为动画，现有 10 余个不同版本的图画书。

们的故事时，就是他们真正看见彼此的时候。”当我们把熟睡的孩子留给康妮照管时，她这么说。“在学校里，这正是我们需要去追求的：彼此观察，彼此倾听。”

在莉莲的办公室里，我们的交谈继续进行着。我们现在已经彼此直呼对方的名字了。“有一点我想要做的，”她看了看时钟说，“我只有很短的时间来说这件事，所以听起来像是在演讲，对不起，我很抱歉。”

“继续说吧，”我大笑，“我丈夫告诉我，我就是那样，讲话像是在演讲。没关系，这都是在所难免的。”

“那我就不客气了。比如说，当你看见亚力克斯在操场上，他和其他小孩方向相反，边跑边叫：‘追我，追我！’可是没有人注意他。我们把这个情形和他在说妈妈故事时的情形作一个比较。说故事时，孩子们注视他，学他说的话。然后，他也一样学别人说的话，注视着别人。很神奇，是不是？这是‘我们’的一个开始。是一个真正的集体。一切最终都会涵盖进去，甚至包括那只小小的红母鸡，以及所有的‘他自己做’和‘我自己做’。”

莉莲更放松了，不再时时注意她说的每一句话。“如果不了解这些故事是从哪里来的，这种事会发生吗？你真是忍不住要怀疑的。就拿瓦莱丽来说，有个好例子。说到她，就得说《逃家小兔》[1]（*The Runaway Bunny*）。”

我大声爆笑。“原来她指的是这个故事！那时我在记笔记，她过来说：‘如果你写，那我就做你的铅笔。’”

“就是这样！”莉莲和她那些在操场上的小朋友一样活泼，“你注意听这件事！有一次，我给两岁的小孩们讲关于我爷爷养蜜蜂的故事，我的一个哥哥总是去偷爷爷蜂房里的蜂蜜，可是每次都被蜜蜂蜇。瓦莱丽就说：‘如果他拿蜂蜜，我就做蜜蜂妈妈，我会给他蜂蜜。’你想想看，还不到三岁的孩子会说出这样的话，能利用一个故事过渡到另外一个故事上。”

“那是我们努力想要更大一点的孩子做的事，”我说，“可是，在这里，你这个两岁小孩瓦莱丽，已经是个高手了。”现在，轮到我对着她发表演讲了。“很显然，你的孩子们是在练习逻辑思维。当成人这么做时，我们说他们是在做理性的探讨（intellectual discussion），可是，当孩子们将这些东西组合在一起时，我们却很少去注意。”

---

[1] 美国图画书。讲述了一个小兔子和妈妈玩语言捉迷藏的简单故事。

“或者他们认为，很可爱或是很好笑。”莉莲说，“你说得对，那是理性的探讨。我一直怕用这个词，你注意看他们，现在，不管是谁拿起《逃家小兔》，另外一个小孩就会提醒我们，瓦莱丽是蜜蜂妈妈，虽然书中并没有蜜蜂妈妈，只有兔子妈妈。”

在玛格丽特·怀兹·布朗[1]（Margaret Wise Brown）书里的那只兔妈妈注意听她的孩子的幻想，并时时给予温馨的、支持性的回应，就像是莉莲一直在做的。“如果你变成河流里的一条鱼，”兔妈妈说，“我就会变成捕鱼人去抓你。”

在塔利老师的教室，两岁的小小孩就能理解——瓦莱丽能够假装是蜜蜂妈妈，就像兔妈妈假装是捕鱼人，或是假装是风，去吹她的孩子假装的帆，让他航行一样。

那是一个文学的网络，由需要它的孩子们去推动，他们通过游戏与故事来彼此联结。莉莲称之为集体，但是，它也是一个剧场。

在这个小小孩的剧场里，事事都和它看上去的不一样。亚力克斯是午睡最先醒来的小孩，他拖着他的毯子到娃娃角

[1]《逃家小兔》的作者。

去，用一把大勺子在炉子上的一个小锅里搅动。瓦莱丽跟着也进来了，把一只耳朵都破了的兔子交给他，那是亚力克斯留在小床上的兔子，然后，她从婴儿床底下找出一个布娃娃。她站在亚力克斯身边，抱着她的布娃娃，这两个小孩四目相对。那没说出的一句话似乎是："妈妈在哪里？"

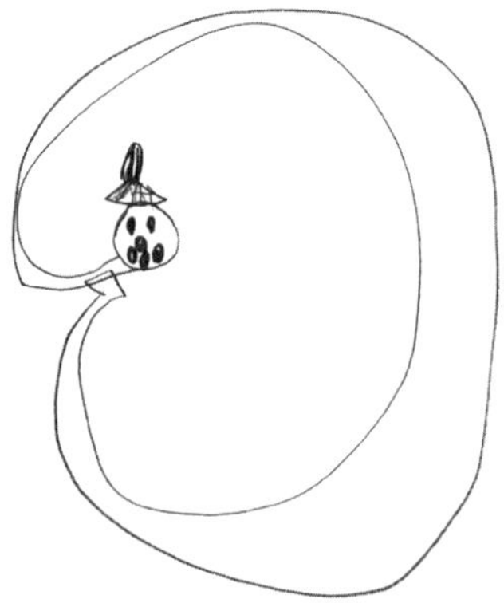

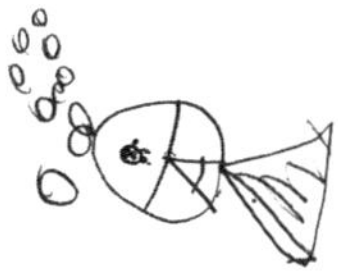

那些三岁、四岁和五岁的小孩，我们叫他们大小孩，大小孩们分别在宽大走廊的那一边的两间教室。那两间教室，和两岁小孩的教室一样，可能都是按照维多利亚时代阁楼的风格布置的。古色古香的摇篮，大到足以装得下宝贝们。颜色奇特的橡木家具画着藤蔓与玫瑰花蕾，看来年代久远。积木块是早年那种颜色深沉的坚实木块，木制的卡车看来像是博物馆才有的那种。所有的这些，再加上丝巾吊在你意想不到的位置，使得这两间房间有着童话的特质。

莉莲每天上午和下午轮流去陪两岁的小小孩及三岁、四岁、五岁的大小孩。陪孩子的大人还有好几个，包括经常定时来的一些义工家长，可是莉莲老师自己掌握着这个集体运作的经纬。

和大小孩一起吃午餐时，她说：“今天早晨亚力克斯说了一个故事。整个故事只有一个词。”

“是什么？”

“妈妈，就只是妈妈这个词。每一个人都想要演这个故事。”

“我妹妹演了吗？”迈克问。

“演了，安杰拉是第一个演的。接下来是埃米莉、斯图尔特、西德尼、西蒙、瓦莱丽，最后是拉马尔。”大孩子们笑了，他们知道大家都演了，没有人被落下。

这种感觉，似曾相识。我小时候，有一个来自希腊的女同学，她能一口气将她的九个兄弟姐妹的名字全说出来，我听了激动不已。每当我对弗丽达说：“告诉我，你的兄弟姐妹的名字。”她就立刻开始说，心甘情愿，从不问我为什么要她这样做。不知为什么，她这样做，帮我减轻了在学校里的焦虑。没有人被落下。

午餐之后，大小孩继续玩他们上午的游戏。有些小孩立刻跑到饭前就在玩的积木区，其他的小孩跑去玩沙、玩水或是去娃娃角。“这一次我是姐姐，不要忘记哦”，还有“假装这艘船要沉下去了，可是，我知道要怎么办”这一类的信息，在孩子们之间彼此传递。这些是孩子们自己建立的联系，不需要老师干涉。

有六个小孩围着一张大桌子坐着，就在教室中央的位置。有的在涂蜡笔，有的在剪纸，有的在拼乐高，有的在解谜题，有的在“读书”，可是，所有的人都在跟别人说着一些事。

“上升，上升，撞到了！猜谁在里面？”

“谁？”

“上升，上升，撞到了！你想谁在里面？”

“谁？”

“这个是坏人。这些是子弹。砰！砰！砰！”

“画在我的上面，好不好？”

“我不能，因为我是隐形的。”

“公主来了，在窗户上。”

“我的没有公主。这是一只猫。”

有人在注意倾听吗？我用心观察那些孩子：看起来，他们不仅对自己听到的至少一半的话作出反应，而且还想办法去听说故事人说的故事。当然，这张桌子首先来说是故事桌呢！大家都清楚地知道，老师在记录说故事人的故事时，每一句都会重复念一次。

今天，是莉莲亲自记录故事。“我喜欢为小孩代笔，记他们说的故事。”她事后告诉我，“当我得去和老师开会或见孩子的父母，不能出席时，我就请别人来为孩子把故事记下来。不过，大小孩一看我回来，就会立刻把故事拿来给我。有时候我会请大家立刻演出。孩子们会告诉我：‘这就是你不在的时候发生的事情。’话里好像还意味着：‘快快关注我们，把你不在时对别人的关注带给我们。’”

我看着莉莲在等待阿利格拉开口说话。“这是你的第一个故事。”她小声对她身边沉默的小孩说。阿利格拉是一个新来的孩子，看得出来，她对这个地方还很陌生。她四下张望，看看有没有别人要来坐她要坐的椅子，在坐下来之前，她猜疑不安，心思改变了三次之后，才将自己的名字填在想要说故事的名单上。终于，她准备好了，而她故事的主题，是我当孩子时，想选出来说的故事，要是我们那个时候有说故事活动的话。

阿利格拉的声音有点尖，很小声，几乎让人听不见。“从前，从前，有一个女孩子，没有人注意她。”对于一个四岁小孩说的故事来说，这是多么棒的开头啊！莉莲靠近阿利格拉一些，把她的话重述一遍，声调低沉悦耳，像是低音大提琴伴着长笛的演出。

“后来，有人注意到了她。”阿利格拉继续说下去，速度快了一些，声音大了一些，好像要在莉莲重复之前，把话都说出来。“可是，后来有人告诉她，她是真的，但是她不明白，但是有人注意到了她的感受。她觉得悲伤。”

莉莲缓慢说出阿利格拉的最后一个字，大家都抬起头来看。他们老师的声音好像传送过来一个信号。桌子对面，西娅一面看着这一幕，一面翻阅手边的一本书。她的眼光从阿利格拉身上收回，转向书本，又转回阿利格拉身上。

那本书是薇拉·B.威廉斯（Vera B. Williams）的《妈妈的红沙发》（*A Chair for My Mother*），写的是一个小女孩、她的妈妈和她的外婆努力存钱，把钱存在一个大大的玻璃罐里，准备买一张满是粉红色玫瑰花的红色沙发的故事。小女孩的妈妈是一个餐馆的服务生，每晚回到家都很累，她非常希望有一张美丽柔软的沙发来坐一坐。当我第一次读这本书给我幼儿园班上的小朋友听时，看得出来，书上每一页涌现出来的慈爱都让他们深深感动。他们坚持要我立刻再念一遍，有人还说："我要做那个女孩。"

轮到西娅说故事了，看起来，她和阿利格拉及书中那个小女孩似乎开始了对话。"从前，从前，"西娅说，她用阿利格拉的句子开头："没有人注意。后来，有一个小女孩注意到一朵粉红色的玫瑰花。"阿利格拉没有抬头看，但是，她的脸红了起来，而且，她开始在纸上画一朵粉红色的玫瑰花。

"它是一张红色沙发上的一朵粉红色玫瑰花。那是她的沙发，但是，她没有注意到。"阿利格拉用力涂着蜡笔，给粉红的玫瑰花画了个深色的阴影。

"后来，那个女孩注意到她的红沙发，沙发上有越来越多的粉红色玫瑰花，粉红色玫瑰花也在她的衣服上。小女孩很高兴，因为，那些粉红色玫瑰花和沙发上的是一样的。"

当西娅把阿利格拉故事里的女孩和她自己故事里的女孩连起来，又把她们两个和那个帮妈妈买有粉红色玫瑰的红沙发的杰出女孩连起来时，故事桌上的每一个孩子都知道，阿利格拉已经正式受到全体同学的欢迎，成为班上的一员了。后来，在故事演出时，那些还在教室别处做别的事，不在演出现场的人，也都被告知，阿利格拉是应该受到关注的人。

要是没有做故事的习惯，这些错综复杂的感受与反应，如何能经常有如此公开而细致的表达呢？当然，在教室里的各个角落，时常有个人戏剧性元素的演出。我们很容易想象一群孩子在一起画花朵，或是在娃娃角假装是花朵。可是，如果没有故事桌来提供其构成元素，我刚刚亲眼所见的这种被记录下的高张力互动状况，恐怕是难以想象的。

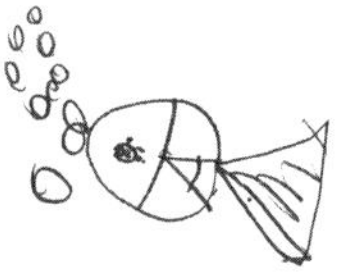

大小孩在积木区演他们的故事。演出前，他们得将整个区域的积木清理干净，把地毯当成舞台。在这种时刻，你不会听到平日里那种拆船声或军队基地里传来的叫喊声；孩子们都急着要做他们的故事。

阿利格拉坐在地毯边缘，不想让人看见。当莉莲叫到她的名字时，她只是把头低了下来，没有其他反应。莉莲走到阿利格拉身边，在她面前跪下身:“下面轮到你的故事了，阿利格拉。”阿利格拉摇摇头。

“这样好了，我们演你的故事，你先看着，怎么样？”阿利格拉没有说不好，念故事的人开始念了。演员出场，一个接一个，围着地毯，各自演他们的角色。珍妮演“没有人注意的女孩”，迪帕克演的是要说“你是真的”这句话的人。

“从前，从前，有一个小女孩，没有人注意她。”莉莲念出声，孩子们转过头，或者用手遮住自己的眼睛。“后来，有人注意到了她。”现在，有几个孩子挥手打招呼，说出几种问候的话:“嗨,你好吗？”“嘿,朋友！”当迪帕克说“你是真的”时,他走向阿利格拉,但是后来记起来,是珍妮在演那个角色。

实际上，在整个过程中，演员与观众都在注意看阿利格拉。不管是谁演的，那就是她的故事。如果事情是在娃娃角发生，而且阿利格拉和以前一样拒绝参与，那么她与这个事件的关联，可能会被忽略，被忘记。娃娃角与舞台的差别就是私人谈话与个人事件的公开讨论的差别，而后者关乎整个集体。

接下来演出的是西娅的故事。她在莉莲老师的班上已经两年了，她知道怎么指导舞台。每一个人在入场时都是一朵带着深灰色调的粉红色玫瑰。“你也是，阿利格拉。”她希望阿利格拉出场，但是阿利格拉不肯，仍然留在地毯边上，可是西娅并没有因此而气馁。“像这样站好。”西娅指导演员们，用手指围成框，把自己的脸框起来。“当我的魔法碰到你时，你就活了。”

阿利格拉已经忘我了，她注意看着她的同学。当西娅告诉大家坐到“那张有粉红色玫瑰的大红沙发”上时，有那么一下，阿利格拉看起来想要踏入那个幻想境地里去。可是，时机尚未成熟，她没有走进去。有的时候，集体在个体准备好之前，就伸出了欢迎之手。孩子们了解这一点，当有人还在挣扎时，他们很愿意将中间的鸿沟填满。

我记得有个女孩叫塞雷娜，当她看见桌边有一把空椅子，知道我们即将演出一个只有一个演员的故事时，她慌了。她会放声大哭，冲出教室或是藏到桌子下面。她的同学不会觉得她的行为很奇怪；他们坚持将那把引起麻烦的椅子搬走，并且提醒彼此在一个故事里至少要有两个角色。

阿利格拉的同学的反应也差不多是这样，甚至可能会更进一步。后来当西娅把那本“红沙发的书”拿给莉莲念时，她说那是阿利格拉的书，虽然是西娅自己将书中的魔法释放出来的。而这就是剧场的潜在力量，它能发现一条道路，沿着它走下去，可以接引那刻意想要逃避的角色。

当记忆与幻想将我们编织到共同拥有的故事里去时，集体就有了样子，可以感觉出来了。言行相应，我们因而开始穿透分隔我们的墙壁，那效果在两岁的小孩身上看起来已经令人震惊了，在大小孩身上则更明显。剩下的时间，我一直留在大小孩那里看他们。我已经忘记整日在剧场内看整部戏的感觉；我已经忘记年幼孩子全神贯注说故事、演故事所释放的力量有多大。

可是，我忘的最彻底的，是老师为了将一系列惊人的社会性和理性的冲动，精心编排成一个和谐的整体，让教室变成我们希望的样子，所可能遭遇的困难有多大。“我们通过这种经历本身知道，”十六世纪的学者教师罗杰·阿斯卡姆[1]（Roger Ascham）写道，“这是一个极其痛苦的发现过程，除了漫长的探索，我们没有捷径。”[2]对莉莲而言，这条捷径，已经清清楚楚地标示出来了，“当孩子们做他们的故事时，”她告诉我，“就是他们真正看见彼此的时候。在学校里，这正是我们需要去追求的：彼此观察，彼此倾听。”

[1] 文艺复兴时期欧洲作家。他曾任玛丽一世女王的拉丁文秘书，后又任伊丽莎白一世和爱德华六世的家庭教师。

[2] 出自罗杰·阿斯卡姆 1570 年出版的《论教师》（*The Schoolmaster*）。

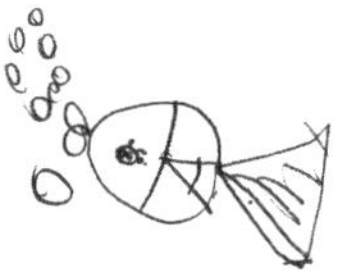

整整一个星期过去了，亚力克斯和阿利格拉一直浮现在我脑海中，我无法不想他们。他们的故事一直在远处回响，淌进我孤独的散步中，溜进我的日记里。那个妈妈故事和没有人注意的女孩的故事，跟随着我，形影不离，就像是我那只热情的拉布拉多猎犬，在等着我开门带他去某个地方。我打电话给莉莲，邀请自己再去她的学校。

但是，这些天来，亚力克斯一直都没有讲故事给莉莲听。他的妈妈，玛蒂·帕里什，来当老师的助理，于是他就很少离开妈妈的身边。她怀孕了，行动缓慢。在故事时间，他坐在她怀里。她也不催他去和大家一起演出。

演故事的时间一过，亚力克斯就会去拿《小红母鸡》给他妈妈，进行私人阅读。他们坐在窗户角落那把有加厚软垫的椅子上，慢慢翻开书页。亚力克斯是小红母鸡。“谁来帮我割麦子？”他说，而他的妈妈用尖而小的声音说：“‘不是我。’猫说。‘不是我。’狗说。‘不是我。’鸭子说。”

亚力克斯翻回第一页，准备再念一遍。“你想让我为你写个故事吗，亲爱的？”他妈妈问，“小红母鸡的故事？”可是，亚力克斯摇了摇头，假装在他妈妈的手臂上写。

“现在，我们来看看你的故事到底在讲什么。从前，有一个小男孩，他叫亚力克斯，他很好，他非常好，所以小红母鸡把饼干全部给他。”亚力克斯把手指含在嘴里，侧身挤在他妈妈的怀里，他妈妈因为怀孕，怀里的空间不大。他妈妈用手抚摸胎动的位置，而亚力克斯对这一幕没什么兴趣。但这时我的兴趣却大了起来。可是，这一幕太亲密了，我只好把头转过去不再看了。

在我的印象中，帕里什太太是一个害羞的人，她只对亚力克斯不害羞。可是，在点心桌边，她却出乎意料地让我大吃一惊。午饭一结束，她就大声说起小女孩在大山上的故事。

“我在想，那个人是谁呢？”她一面开口问，一面倒果汁。“那人是我，亚力克斯的妈妈，你们小朋友叫我帕里什太太，但是那个时候，他们叫我玛蒂。我总是把那座山叫作我的山，因为，就我所见，山的周围只有我们的屋子。只有我们住在那里，所以那是我的山。”

帕里什太太把溅出来的果汁擦干，再倒一杯的同时，接着讲了下去。“有一天，我的小手推车突然从山路上冲了下去，因为我忘了把它放在篱笆里面。我开口大叫：‘停下，停下！’我叫手推车停，可是，它就是不停，继续跑，不理我。”

亚力克斯离开椅子，站在他妈妈身边。“坏手推车！”他说着，戳了戳她的手臂。

“不要担心，宝贝。这时，我爸爸来了——就是你的外公乔治——他来了，背上还背着一大捆木柴。他抓起小手推车，大声责骂：‘你是什么朋友？玛蒂叫你停，你怎么不停？’接着，我爸爸把它举了起来，带回来给我。”

“那辆小手推车呢？”亚力克斯想知道。

“据我所知，还在你外公家里，下一次我们去看他时，我们问问他。”

“停，小手推车停！”亚力克斯开始预演，“我自己停！”其他人开始唱了起来：“停，小手推车停！”只有迈克不唱，他是大孩子，是来看小孩子的。他问了帕里什太太一个问题：“那座山在芝加哥吗？”

“呃，亲爱的，那座山在北卡罗来纳州，离这里很远。我们一家人是从那里搬来的。你之前见过山吗？”

“我和安杰拉住在芝加哥。”迈克回答，“我也不知道我见没见过山。”

“哦，你会见到的。山很高，很高，很高，比市中心的大楼还高。等你再长大一点的时候，你肯定会看到山。”

迈克看看他的妹妹安杰拉，接着说：“我已经长大了。”

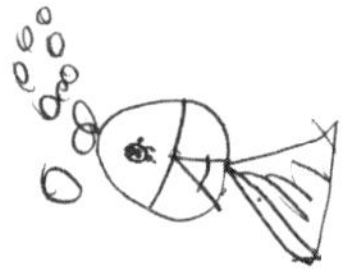

回到自己的教室之后，迈克说了一个山的故事。“有一只小兔子，他不知道山是什么。所以他走，往上走，往上走，就见到了山。可是，他滚了下来。他哭着爬起来。后来，有一个高大的男人来了，那是他的爸爸，抱着他上了这个高大的山。”

“这使我想起帕里什太太的山，”莉莲说，“你愿意把这个故事讲给两岁的小朋友听，表演给帕里什太太看吗？今天她会在那里待得久一点。”

“我的山在芝加哥。”迈克说着，走了出去。他带着米迪亚，因为米迪亚已经画了一张山的图。山这一故事的主题被别人拿去用，我一点也不惊讶；我们无法预测哪些概念会引起孩子们的兴趣，引发他们的想象，成为他们共通的语言。在我的教学中，观察一群孩子创造他们自己的叙事象征的过程，总是令人振奋不已。除了真正在课堂教学的老师，还有谁能够长年累月，一日接一日地跟随故事的发展，将其中的片断衔接起来呢？

在塔利老师的教室里，说故事的网那么强，我很可能从中理出一些脉络。“我还可以再来吗？”我问莉莲。

“明天就来怎么样？”她说，我们两人相视大笑。“我的意思是，请你随时来，想来就来。”接着，她指着我的笔记本问道：“你会将我们的真实姓名写出来吗？不会吧！”

“绝对不会。对我而言这也是很重要的，你知道的。”

“我是一个不喜欢张扬的人，”莉莲告诉我说，“也许是太内向了。我只对孩子及他们的家人，才可以放心说话。而且，我不喜欢公开和他们的谈话。不管怎么样，你感兴趣的主要是故事，对不对？那不需要名字或地点。沃利不是他的真名，是不是？”她指的是我过去幼儿园教的一个学生，关于他，我写了一本书。

“不，我不用真实姓名。故事与讨论本身必须足以引起别人的兴趣。”

“谈到沃利，”她带着怀疑的目光看着我说，“我怀疑……”

“怀疑什么？”

“是这样，你听过那么多故事。我是说，你的书里装满了那些故事。为什么还要找我们？”

我已经看到了她目光中的怀疑。“可是，我没有听过你或你的孩子们的故事。我从没听过妈妈故事，也没有听过没有人注意的故事或一只能爬上高山的兔子的故事。还有，可能这会吓你一跳，我认识的人中，没有几个人谈起故事，是像你和我这么谈的。每天都做故事的人，如果不能谈这些故事，深思这些故事的话，绝对会憋坏的。不管你相不相信，没有人比你做得更好，谈得更精彩。”

“但我爷爷就比我做得更好！你一定要听听他的故事，他从来不会放过任何一个故事。他曾经告诉我们，我们都是可怜的灵魂，四下游荡，找人听我们说我们的故事。所以只要他在场，他绝不错过我们说的任何东西，让那些东西永葆生命力。”

电话铃响起，莉莲跟我说了声对不起，就去跟孩子的父母谈话了。我们有了共识，我会再来，而我再来的理由，也许尚不足以说服莉莲。如果我老实告诉她，她就会有意识地退缩。我需要莉莲·塔利来告诉那些不断告诉我多么想做故事，却找不到时间的老师与父母，也许她能够让他们看到，说故事和做故事到底能够将课堂实践深化到什么程度，扩大到什么范围。至少，她可以帮助我们记住我们的故事。

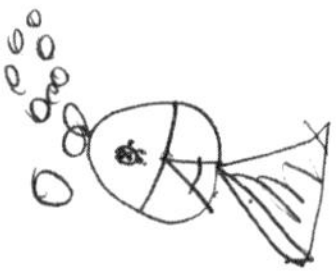

“我们喜欢妈妈放在炉火上炖着的冒泡的秋葵汤。”莉莲说。现在是六点半，她一天学校生活的开端，还有一小时，孩子们就来了。“不管她放什么到锅里，都能使那秋葵汤更美味。”

我请莉莲描述她的托儿中心，而她讲述的秋葵汤的意象似乎恰到好处。“我家也是这样，”她继续说，“我是黑人，来自路易斯安那。伯尼是我的丈夫，他是白人，来自新泽西。我们有两个女儿，都是领养的，她们混合着西班牙、印第安和非洲的血统。就像我妈妈说的，做秋葵汤和做人一样，放进去的东西越多样，味道就越鲜美。”

她的学校里，人种更是杂。有些人，英语是他们的第二语言，或是第三语言，而莉莲总是找些能够流利地说一两种家乡话的老师。“伯尼说法语，也会一点俄语。而且，我们两个人都正在学西班牙语。在公立小学放学之后，他会来这里帮忙，他是五年级的老师，我提到过吗？他来的时候，总是带着工具箱和几本小字典。如果我们付得起他的薪水，他也会来这里当专职老师。现在，教会几乎是让我们免费使用这些场地和房间，在这里工作的每一个人，薪资比别的地方都低得多，所以我们才能把学校办下去。”

每个星期，她的丈夫在小学放学之后，都会想办法来帮忙。他们的两个孩子都上大学了，他不必急着回家。我提醒莉莲说，我第一次来时，就见过他在替四岁的俄罗斯小男孩米迪亚做棋盘，棋盘上印着英文与俄文，目的是要将每一种动物都带到莫斯科动物园。

“那真是一个很棒的游戏，是吧？”莉莲说，“你注意到那个戴着动物园管理员帽子并抱着猫的男孩是米迪亚了吗？”显然，我忽略了这个细节，这其实是棋盘上最重要的一个标志。孩子们和老师们都了解，为什么那只猫非得在那不可，可是外人是不可能捕捉到所有线索的。

莉莲在一个抽屉里的一堆纸里翻来翻去找东西。“米迪亚很想念他的猫，这是他的代表性故事：‘猫在哪里？咪咪雅在莫斯科。’你看，他讲这个故事是为了找机会谈他那只在莫斯科的猫。当然，他可以直接跟我们说他的猫咪咪雅，但是，他说了故事，看见我们把故事记下来，而且把故事演出来了，这样我们就和他共同拥有了那段经历。”

“他将你们全带到他在莫斯科的家里去了。”

“他觉得在这里更自在。亚力克斯常常在米迪亚身边转来转去，你可能已经注意到了，而且，他还叫他‘莫斯科’。实际上，有时候，米迪亚叫亚力克斯‘艾力克塞’[1]（Aleksei）。伯尼说，那是一种像‘小弟弟’一样的称呼。”

莉莲开始剪纸，红的、蓝的、黄的，大大小小的，我拿起一些纸，照她的方式，也剪了起来。大孩子班的老师克里斯蒂娜有个计划，莉莲答应帮她做一些准备的工作。做这种繁忙琐碎的工作时，最适合一面做，一面聊天了，就像我们现在这样。“你呢？你怎么样，莉莲？你小时候上学时，觉得自在吗？”

[1] 他的亲密朋友会这样称呼他。——译者注

我的问题一提出来，她就皱起眉头。“我讨厌学校。那是一个非常会处罚学生的地方。虽然它对我个人的影响没有对我兄弟们的影响大，但是我们没有人喜欢学校。我们都想留在家和爷爷在一起。”

“你的爷爷？”

“爷爷负责照顾我和我的兄弟，还有我的堂兄弟姐妹。我们的父母都要工作，奶奶也要工作，爷爷因为在一次农场事故中发生意外，失去了一条腿，无法再外出工作了。可以说，他经营了一个儿童中心。他照顾我们，煮东西给我们吃；把我们打扮得干干净净；在我们玩时，他就在旁边看着；我们打架时，他当法官，帮我们擦干眼泪。现在回想起来，他做的最重要的事，就是说故事给我们听。故事，故事，整天都是故事。我的天！我爷爷这个人,什么东西都可以讲个故事。”

“莉莲，你好像是在说你自己的工作。在我看起来，你就是在做这些。”

“正是这一点，我猜。当我进入教学的职场，我脑中的意象是，门廊上满是亲戚朋友的孩子，大大小小一群，在台阶上玩的，围着栏杆爬的，大家都在注意听着爷爷讲故事。他还想办法让我们把他说的记下来。你知道，我们那时候没有幼儿园，上一年级才到学校去。”

“他教你们读书和写字吗？”

“不，不，几乎没有。他对自己的发音和拼写没把握。他没有受过多少学校教育，你知道的，他是农场临时雇工的孩子。他不阅读，反而要我们读给他听。所以，我们就自己去想怎么读。而且，爷爷总是将故事和阅读连在一起，‘那是一个好故事，’他会告诉我们，‘替我写下来，这样，当你们去上学时，我在家才有好东西读。那样，我才不会觉得孤单。’”

“所以，故事使孩子觉得比较不孤单这个观念，是从你爷爷那里来的。”

“我猜是这样，没错。大一点的堂兄堂姐帮助小一点的写下他们的故事，有时候，我们也去演这些故事给爷爷看，这也是我们游戏的一部分。我们假装在上学，假的学校比真的学校好玩多了。”

她摇摇头，带着悲戚说：“当我在公立学校开始教学时，几乎没有一分钟可以用来玩或说故事。一切排得满满的，我们像穿了紧身衣，彼此没有一点关系。我们的校长根本没有一点头绪，不知道要怎么使学校里的孩子快乐。我变得非常绝望。我一直想着爷爷的门廊，它整天都出现在我眼前，让我快要疯掉了。”

“就在那个时候，你开办了自己的学校吗？”

“没那么快。起先，我试着带几个学生回家，和我们自己的孩子做伴。可是，我们的地方太小。后来，我的女儿们上幼儿园和一年级时，我发现了这些很棒的教会免费给我们用的大教室。我们只需要付一点点的管理费与清洁费。教会里的一个执事帮我们申请了一小笔钱，整修了一些东西，做了些改造，交换条件是让我们来照顾他的孙子。没有这些协助，我们不可能保持这么小的规模。这一点很重要。我们必须保持小的规模。”

“我同意，莉莲。在大一点的学校里，你不可能做你现在做的这些。你不可能大小两组学生都教，而且还要做故事。在我看来，你所做的，其实是把家庭学校稍作扩张而已。”

“家庭—门廊—学校，你的意思是这样吧！这倒提醒了我，我是读到你写的有关沃利的书，才开始在学校里做说故事加上演出的部分。可是，我们在爷爷的门廊老早就这样做了。我只是没想到把它拿到教室里来做，现在，已经开始了，我再也不会放弃了。”

“你是自己走到这个境界来的，”我告诉她，“我从来没有一个满是亲戚的孩子的门廊，而且我的爷爷对我们来说太陌生了，他不给我们说故事。他说故事给在公园遇见的老人听，那公园在我们家附近，那些老人跟他一样都是新移民。可是，他不说故事给我们听。他一定认为这些故事对我们没有什么意义。也许是因为存在很大的语言障碍，或是，他觉得故事太悲伤，或是我们留在他身边的时间不够久，没有给他机会。不管怎么样，我们不知道他的故事，他也不知道我们的故事。”

“你的爷爷是从哪里来的？”

“他们叫它‘shtetl’[1]，是俄罗斯的一个小村庄，比你爷爷在路易斯安那的小镇更小。”

“我爷爷的脚下仍然保有他自己的土地，而你的爷爷却没有了。我想，那是他不说他的故事给你们听的原因吧。而我需要让学校的小朋友觉得学校是他们自己的地盘。沃利有没有达到那个境界？”

[1] 意第绪语，尤指第二次世界大战前东欧的犹太人小村或小镇。

“我想是太迟了。他来到我的幼儿园时，他一直认为会被处罚。这是他上的托儿所处理问题的方法。他们事先就告诉我，我即将接到一个坏男生。我取消了思过椅，这对沃利非常有帮助。而且，第一次来到一个大部分学生是白人的学校，对沃利而言，冲击很大。这一点，就够让他觉得孤单了。”

莉莲迅速回应道:“等一等！我上的学校，学生全是黑人，可我一样觉得害怕，一直都觉得非常孤单。”

“是什么原因让你那么害怕？”

“人的愤怒。老师们对某一些孩子的愤怒。这总是有的。随时随地都会有孩子将被处罚。我虽然从没有被处罚过，可是一样啊，我记得老师在骂人或打人时，我很怕，呼吸都很困难，好像在惩罚我一样。”

莉莲说出了我小时候的绝望感觉，尽管老师从来不对我生气，但面对老师的愤怒，我就像她一样。当一个口吃的孩子被别的孩子嘲笑时，我受到的威胁和那个孩子受到的威胁是一样的。我肯定自己将会成为下一个口吃的人，并且感到羞愧。作为老师，经过了许多年我才明白，如果一个孩子在遭受责骂，那其他在场的每一个孩子都在遭受侮辱。

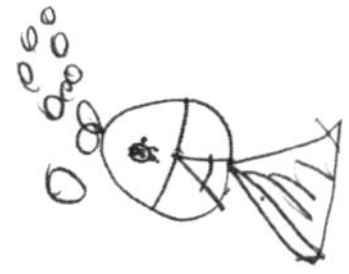

七点半，孩子们陆陆续续来了。每一个孩子都是由他们的一个家人带来，大人会留下来和老师说几句话。今天，两岁与三岁的孩子，都不太愿意和他们的父母分离。拉马尔说服他妈妈念一本书，再玩一个游戏，才让她离开。接着，他把埃米莉的泡沫胶球抢去，说：“是我的。”

“我的球。”她回答。

“我的球，我的球。”他们唱了起来，两个人把球滚来滚去地玩，突然，埃米莉起身离开球走了。

拉马尔走向了纸黏土区的工作台。“我的纸黏土。”他说，说着他就改变心意，走向了莉莲。“我的故事。”他告诉她。

早晨活动的序幕拉开了。

上午结束后，在两岁孩子的午睡时间，我们在莉莲的办公室继续我们的谈话。“从第一天来我就很清楚，在这里，没有人会受处罚，”我说，“可是，对某些孩子来说，即使是在你这里，他们还是会怕的，你觉得对不对？”

“刚开始的时候，只要有人靠近阿利格拉，她就会发抖。”莉莲停顿了一下，稍作沉思才说：“她的家人想要把她留在家里，可是，她妈妈必须去上班，没空照顾她。”

“可是，她却能够说出她个人的故事——一个没有人注意的女孩子。你不觉得惊讶吗？”

电话铃响了起来，是一位要来面试的实习老师打来的，莉莲告诉她来这里的路线。她挂了电话，接着说：“阿利格拉说故事是因为我们都说故事。当别人跟你讲故事时，你不会觉得那么害怕。人感到害怕，不只是怕被伤害，还怕寂寞，怕没有人来接你，怕没有人喜欢你……”

“或没有人注意你。”

“对。可是，重要的是，如果没有人被处罚，这些害怕就会减弱。”电话铃又响了，有个家长说她会迟到。

“不必担心，”莉莲说，“伯尼来接我时，如果你还没来，我就先把瓦莱丽带回我家，你随后再到我家去接她，好吗？”莉莲写了一张字条提醒自己不要忘了，我们继续谈下去。“我一开始教学的公立学校是一个会处罚学生的学校——孩子们会被送到走廊上罚站，送进挂大衣的房间关起来，送到校长室让校长处置，有问题就这样解决。你要是让老师生气——砰！赶出门去！请相信我，在那种地方会让你想躲起来，希望自己消失。那不是说故事的地方，也不是个学习的地方。”

电话铃又响了两回。家长们知道孩子们在睡午觉，莉莲有空接他们的电话。她在回答他们的问题时很有耐心，简短、直切重点。她邀请一位家长，在第二天早晨上班之前过来一下，他们可以再进一步讨论一些东西。

“我们谈到哪里了？”莉莲笑道，“哦，对了，那种学校不是说故事的地方。可是，当我把我家经营成学校时，故事就回来了，而我的兴趣就是当老师。我怕搬到这些大教室里来。也许，等我们的规模更大一些，平衡会改变，会出现没有足够的时间和孩子们在一起的情况。不过还好，到现在还没有发生这种情况。伯尼不断提醒我，整个学校里孩子的数量，仍然比我做公立学校教师时任何一个班级里孩子的数量都要少。”

“你可以把任何人都塞进你爷爷的门廊。”

她微笑地看着我说：“他有办法处理我们。至少，我记忆中他是这样。那只是一个老式农庄里居家的门廊，门廊可以绕到屋子后面，上面有许多多余的家具，小床靠着墙放着，孩子要睡随时可以躺下，空间很大，很宽敞，有人来的话可以就地聊天，东家长、西家短，说说闲话。”她向门外望去，笑着说：“这个房间不就是这样吗？”

“我住在新奥尔良时，曾经坐火车来这里参观过一次，从车窗看出去，看到过这种门廊。”我说，“即便是车速飞快，我只是匆匆看了一眼，也会觉得那是个很舒适的地方，尤其是对于像我这样从来没有过门廊的人来说，更是如此。”

“我可以告诉你，我们在那里觉得安全又幸福。我不能保证大人和我们有同样的感觉。我们深夜偷听他们的谈话，他们是有很多忧虑的。我只知道，我爷爷在那里等着我们走出校车时看起来幸福又安全，他会为我们准备好鲜奶、蛋糕，或是柠檬水和涂上奶油的吐司片。”

亚力克斯冲进莉莲的办公室，拖着他那条毛茸茸的毯子。

他一言不发，爬进莉莲的怀里，然后闭起了眼睛。没过多久，斯图尔特也跟着过来了。他们看起来像是沉船的水手在寻找灯塔。莉莲用毛毯裹住两个小男孩，继续谈着她的爷爷。

“‘好了，现在，’他喊道，‘阿贝·林肯上学时没有校车可以坐！’这大概是他欢迎我们回来的话。他从来不问学校的事。他知道，我们只会告诉他我们想让他知道的部分。‘阿贝和萨拉，他们得走上几里路才到学校。那个男孩子，只要能学到东西，哪里他都会去，而且，他不会忘记任何一个他听过的故事。’就这样，爷爷开始讲起他的故事，我们的牛奶都还来不及倒出来呢！”

“更甜的金银花。”亚力克斯嘟囔着，声音透过毯子冒了出来，莉莲隔着毯子捏一捏他。她指着墙上的照片：“那是爷爷发生意外之前的样子。”

当我走过去看照片时，她沉默了一阵子。她爷爷是一个头发灰白的高大男人，站在一辆拖车旁边，他的微笑，就像莉莲准备好要开始说故事时的微笑。“有时候我想，爷爷是为了改善我们的行为，才发明了那些林肯的故事。后来，我在大学时，在卡尔·桑德伯格（Carl Sandburg）的著作中读到了类似的东西。”

“说不定他就是从卡尔·桑德伯格的作品中得来的呢。”我说。

“我想不是。爷爷受的教育很少。他一定是非常喜欢林肯，林肯的故事他都一一记住，而且知道什么时候、什么场合拿出来说。”

莉莲把怀里的两个小男孩的位置调了调，让他们舒服一点，可是，他们觉得怀里坐够了，完全清醒了，所以，她倒果汁给他们喝。“还有，爷爷说的故事种类可多了，像他小时候采棉花时发生的事，想办法骗大人的事，或者是他和奶奶结婚时发生的好笑事件，还有好多好多和他的兄弟姐妹有关的事，‘千万别把我告诉你的事，告诉赫尔曼叔叔，不过……’”

“他告诉你什么？”亚力克斯想要知道。他和斯图尔特来来回回推着一辆小车子在玩。

莉莲弯下腰，在两个孩子的脖子上各捏一捏。“关于赫尔曼叔叔的事吗？哦，我爷爷记得赫尔曼叔叔因为和别人争论一件事，爬上屋顶，整夜不肯下来，就因为和他争论的人说，有些事跟从屋顶上掉下来一样容易。赫尔曼为了证明从屋顶上掉下来并不容易，而且非常难，就自己爬上去证明。我想，他是在和他自己的爷爷争论。他留在那上面一整个晚上，也没有掉下来。这个笑话的笑点在于那个屋顶是个平顶，是那种平平的屋顶，人上去了，大概是不会掉下来的。可是，他的爷爷要的是另外一种证明，是那种斜斜的屋顶。过来，孩子，我画给你看。”她画了一张图，先是一个斜屋顶的房子，接着，在那旁边画一座平顶屋，平顶屋上坐着一个小男孩。亚力克斯拿着那张画，认真地看着研究，而莉莲继续说下去。瓦莱丽午觉醒来，立刻在她老师的怀里找到了自己的位置。

“有时候，爷爷的心情非常不好，那时我们就会听到有关奴隶时代的故事。大部分这种故事是有关市井小民的勇气和忠诚的故事。这种故事听了，令人悲伤，所以爷爷很少说。”

她轻轻将瓦莱丽放下，走向窗户。有好几个两岁的小孩子逛到办公室来了，挤在莉莲身边，和她一起往窗外望去。“事情是这样的。”她继续说下去，这时，孩子们在身边，她就不只是对我说，孩子们也是听众，他们一个个都在注视着她，用心聆听。“故事一开始，不管说的是什么，学校里的伤痛和难过，通通都像被一阵风吹去，烟消云散了。”

亚力克斯举起那张画两个屋顶的图，手指顺着线条抚摸着屋子的轮廓，他仿佛能感受到它们之间的差别。他的手指压一压坐在平顶屋上的男孩。“赫尔曼，”他说，“再说一遍。”

莉莲给围绕在她身边的孩子又讲了一遍赫尔曼叔叔的故事。小孩子们听完，看起来真像是身上的悲伤被一阵风吹走了一般。

沃利的故事曾经也给过我这样的体会。他经常忍不住要做我不赞许的事，这个时候，他就会说个故事给我们听。接着，云涌起，被风吹走了，一切又归于平静。几次之后，我发现自己在等待的不是插手干涉的行为，而是故事，我等待他对世界如何运转的那种美妙的说明，当然，那就像他说的故事描述的那样。“我长大以后要当狮子妈妈。”有一次他告诉我，“图书馆里什么都有。连魔法也有。到了八岁我就可以学魔法了，然后我就可以变成狮子妈妈。”

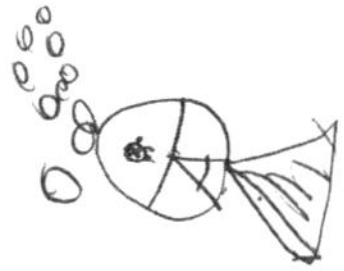

那天晚上，莉莲打电话来我家。“我要问你一些事，沃利在学校过得怎么样？我是说，他离开你之后。那是我们读你的书的时候，忍不住想要知道的。”

通常情况下，我会想办法避免回答这个问题，但是，我想让莉莲知道。“沃利在我们的学校没有待多久。二年级读完，他妈妈就把他转走了，转到他家附近的天主教学校。可是，在那所学校，也没什么成效。五年级的时候，他妈妈把他送到佐治亚州，和他爸爸的亲戚在一起生活，在那里，他就好多了。后来，他妈妈也过去跟他一起生活，‘对我们两个都比较好，’她告诉我，‘全家在一起。沃利会受到重视。’”

“你有没有告诉她，你有多么赏识他？你还写了一本关于他的书。”

“没有，我没有告诉她，莉莲。我从来不在书中提到孩子的真实姓名。有时候，多年之后，书中的角色可能会认出自己来，但是，这种情况很少发生。”

莉莲不想离题。“回来谈沃利，你没发觉他有点奇怪吗？我的意思是，他那么喜欢那些讨论，那么喜欢说故事和故事的演出等等。实际上这个孩子给了你一种新的教学方式，甚至让你写了一本书，真是上天送来的礼物呀，为什么他没有在你的学校继续待下去？”我们两个人都陷入了沉默，即使是在电话里，我都能感觉到莉莲的尴尬，她有些不高兴，但又觉得自己不该批评我们学校。“我只是好奇罢了。”她温和地说。

我无法给她——或我自己——一个满意的答案。“没办法，他不可能待下去。他一定已经开始觉得自己在那里再次像个陌生人，有太多不对劲了。他妈妈看得出来，那里有太多的抱怨，而几乎少有赞赏。”

“当我的孩子离开这个中心时，”莉莲承认，“就是这一点让我忧心。事实上，我正在想办法，我们怎么才能将这个中心扩大到能包括幼儿园，甚至于几个孩子的一二年级。伯尼和我常常讨论这个问题。我们必须搬到比较大的地方，还得再多请一个老师，同时减薪，提高学费。我们还没准备好，要是没有教会的帮助，我们明天就会倒闭，办不下去。总而言之，这毕竟是一个美妙的梦想。我是说，想想看，要是你的沃利可以留下来跟你在一起久一点的话，该有多好啊！”

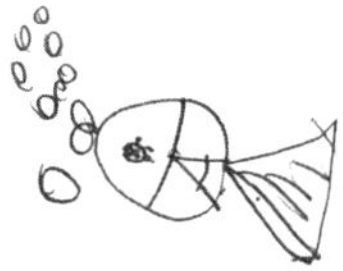

我的沃利。我的这个想要缓解一个孩子情绪的寻常举动，却诱发了一个确定不移的信念：每一个孩子都有连续不断的故事源泉。而且，不止是这样，这些故事还必须被演出来。这一个单纯的前提，指导着我之后二十年的教学与写作生涯。

事情是这样的：沃利，五岁，有一天，他说了一个有关恐龙的故事："他摧毁了一座城市，人们就生气了，把他关进监狱里。"这个故事没什么特别，幼儿园的老师记了下来。只是，事实上，之前沃利假装自己是一只恐龙，把几个积木建筑捣垮了，被生气的老师送上思过椅反省静坐，而那个老师就是我。

我二话没说，就把他送去静坐。沃利和其他小朋友都知道，他一定会被送上那把椅子。思过椅原本是学校表演中的东西，孩子坐上那把椅子，是要去表演的，可是，如今，艺术与生活融合在一起，演变成一个令人不安的现象。

沃利在故事中，将恐龙关进监狱，而我对孩子不正是如他对恐龙一般吗？我突然觉得，“人们生气了，把他关进监狱里”与我把孩子送上思过椅之间的差别很小。我看得出来，不管是被送上思过椅的孩子，还是看到惩罚的其他孩子和我，都觉得这么做很糟，很不好受。可是，我却假装这么做对孩子是好的。

沃利的幻想与那把椅子之间的关联，需要的不仅仅是平时朗读一个孩子的故事，我希望沃利的状况能以一种更戏剧化的方式让大家明白。我们要将他的故事演出来。

“我们为什么要这样做？”有人问。

“因为沃利坐在那把椅子上，很难过。”无需进一步说明，孩子们都接受了：说一个故事，并且将它演出来，会使一个人觉得愉快一些。

“你应该留在监狱多久？”有人问沃利，这是孩子们在游戏时会问彼此的问题。平常，思过椅要坐多久，只有老师知道，老师觉得你坐多久会变乖，就会让你坐多久。

“大概是两分钟。”沃利决定，“两分钟就够了。他答应改过，所以他们放他出来，让他回家，他妈妈在等他。”反正是一个妈妈故事嘛。

这样一场独幕剧的效果，立竿见影，经久不衰，几乎每一个孩子都想做“像沃利做的”那样的故事，而我们的课程也因此改变了,我们加入一项新的活动叫“说故事”。多年来，这项活动会出现创新和变化，但是基本的东西没变：孩子说，老师记，在同一天，将记下的故事念出来并且演出。这是孩子们自己的剧场，他们自己演，演给自己看。一个班级的这些仪式和识别符号，把他们与所有别的人区分出来，而那些故事是他们的指纹。

后来，我将思过椅取消了。思过椅的存在将我们分离了，而剧场却将我们聚在一起。可是，为什么不能两者都有呢？我的助教问我，我的实习老师问我，他们大概是觉得当一切都试过，还是没办法时，如果可以将问题孩子暂时隔离的话，他们会比较安心，比较有自信。可是，我愈来愈深信，我们的失败有一部分是因为有思过椅的关系，它干扰了我们的信念——善意的人之间使用合理的解决方法是有效的。“这么做——要不然——”在孩子听来，不像“从前，有一只恐龙，他遇到了一个大麻烦”那么合理。

在我去演讲的教师会议中，有时会出现有关处罚的主题，虽然大部分时候，老师们不愿意去谈这个问题。最近，我问听众，有使用思过椅的请举手，几乎在场的人都举手了，然后，我又问：“就长期来看，你们有多少人认为那些常上思过椅的孩子，行为上会有改善？”没有人举起手。当场引起一阵大笑。我决定念出沃利对这个问题的评断的录音纪实。

沃利：在我以前那所学校，如果你撕别人的照片，你就会被罚，自己一个人坐在走廊上，一直到你变乖。

老师：你变乖了吗？

沃利：变了啊！嘿，你知道我们在走廊上做什么吗？我们把墙上贴的照片全撕碎。

老师：那你被罚坐在走廊里，好像没有变乖呀！是不是？

沃利：可是，他们不知道是我们撕的。

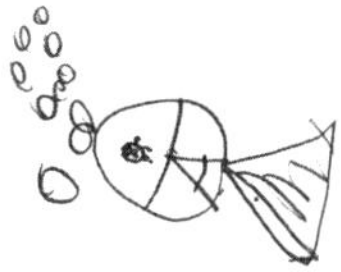

莉莲不用思过椅，她不用任何处罚手段。既然她坚持不处罚，就一定要寻找别的方法去影响学生的行为，这有时使她与同事或一些家长之间产生一些分歧。可是，在这一点上，她是一块顽石，从不让步。“我们在家没被处罚过，”她斩钉截铁地说，“在学校，是的，常常被处罚，可是，在家没有。爷爷不准人处罚孩子，他是对的。”

我曾经被邀请去参加教师与家长的每月会议。莉莲利用这些非正式的夜间会议，解释她对孩子的想法，而且，她鼓励大家都要说点想法。今天晚上，有关处罚的问题出现了，因为有父母希望托儿中心的老师在“必要”的时候，可以打他们孩子的屁股。

“我们来谈一谈在学校要对学生严一点的事，孩子不懂规矩，我们就隔离他，用力扯他，甚至打屁股，有些地方确实是这样的，你们都知道的。谈到这些事，我必须从我的爷爷谈起。他不反对监禁罪犯，可是，希望你们注意听，他认为残忍地对待孩子绝对不会起到教育效果。他小时候，残忍地对待孩子的事很多，所以，他知道被那样对待的感觉。我想你们多半也知道。”

有一位父亲不赞成莉莲的用词：“对不起，可是，阻止孩子做错事，怎么会是残忍呢？”

“当然！”她迅速地答道，“问题在于你怎么达到这个目的。我知道，你们有些人觉得奇怪，在这件事上，我为什么总是提到我的爷爷。是这样的，因为是我爷爷给了我这个经验，是他影响我，用这种方式来经营这个学校。所以，我来解释他的想法，是很重要的。”

她用温和的笑容对着那个男人讲：“我不是要你闭嘴不说，弗雷德，相反，我们需要听你说出你的想法，可是，先让我将我爷爷的做法清楚地表达出来。请相信我，在那个时代，在我们路易斯安那的小镇上，他那种处理孩子错误行为的方式，很不寻常。”

“在我们的小镇也不寻常，”弗雷德笑道，“对我的爷爷而言，也不寻常。我们都学会了踮着脚尖，轻轻绕过这位老绅士，他已经把在世上的耐心都用光了。”

“我明白你的意思，”莉莲说，“从前我们读书的学校就是这个样子，大人好像都将耐心用光了，他们的幽默与仁慈之心也用光了。可是我的爷爷有不同的看法。他的目标是让我们思考。他说，是故事让他思考，所以，他认为，故事也会让我们思考。他料定我们会因为看见他对我们的失望以及听他的故事，而改善我们的行为。”

莉莲啜一口咖啡，把房间巡视一周。现场的男女共有十二人，还有两个熟睡的婴儿，这么小的学校，有这么多人出席算是不错的。“你们有些人知道我的哥哥彼得，”她说，“他长大后成了一个很好的律师，就在芝加哥，你们当中有些人还请他帮过忙。”她对那些对着她点头的人示以微笑。

“好吧，让我告诉你们，爷爷对这些事的态度拯救了彼得的一生。在学校，老师们和校长对他很粗暴。我不是说他们搞得他无路可走，可是，他们的做法是日复一日地将他的心一片片割碎丢弃。要是他回到家，也是得到同样的对待的话，他现在肯定在坐牢。”

房间里很安静，我可以听见一个婴儿很重的呼吸声。“我记得，有时候爷爷也会因为生气而无法讲故事。‘坐一会儿，’他说，‘唉，你们刚刚做的事，把我脑海里的想法都吹走了。等一等，一定会有些再跳进来。’你们知道吗？有时候，和你们的孩子在一起，我也会有这种情况。我会请他们等一等，等我想出一个好故事来，就像我爷爷那样。我怎么会知道要这样做呢？因为当我爷爷这样做时，我们觉得很棒啊！”

她爷爷持续不断地出现在她的生命中，这让我觉得既放心又安慰。看起来，这些父母也有这种感觉。莉莲对他的尊敬，对他在门廊上对待一大堆亲戚托付他照顾的孩子的方式的尊敬，都深深影响着她对学校的思考。

“你能举个例子，告诉我们要怎么在学校里有效地实施这种方式吗？”一位家长问。她的名牌上显示：“谢里·泰勒，迈克和安杰拉的妈妈。”

“当然。我也可以拿迈克当例子，如果你不反对的话。”

很明显，莉莲和泰勒太太很熟，她知道她不会反对。“好。就在几天以前，迈克故意把墨汁洒在另外一个孩子的画上。这突如其来的破坏，把我们都吓了一大跳，真像是天外飞来的意外。我没有生气，也没有下令处罚，我说了一个故事给大家听，是关于米兰达的小牛的故事——米兰达是我爷爷的一头母牛——米兰达的一头小牛，每次都故意找机会将挤好的牛奶桶打翻。我们猜想，她是忌妒我们拿走了她妈妈的奶。那头小牛叫萨拉贝丝，她认为她应该最先喝到她妈妈的奶，然后才轮得到我们喝。原来的故事比这更精彩、更长，你们知道的。萨拉贝丝逃走等一些细节，我就略过不说了。但是重要的是，所有的孩子必须参与到故事中。他们需要关怀别人，帮助难过的人渡过难关。我们不知道迈克为什么会那样做，可是，小牛萨拉贝丝打翻牛奶桶的事在一定程度上影响了迈克。当然，迈克帮助收拾善后了，但是最重要的是，迈克和乔丹仍然彼此喜欢对方，没有人会因为有人被责骂或处罚，而觉得有罪或害怕。我这种方式，直接来自我的爷爷。”

莉莲知道，她爷爷的故事，不可能将处罚的问题都解决了。不过，这些故事是话头，它引人开口谈论。几乎所有人都经历过受罚的痛苦及被原谅的放松之感。绝大多数的人无法想象没有处罚的童年。

“我们是在严格管教下成长的，”一位父亲站起来说，“下手很重。在当时，我很恨，这是当然的，可是，如今我回想来却是有道理的。也许，你的爷爷不必处罚你们，因为学校已经替他处罚了。‘有人扮白脸，有人扮黑脸’就是这么回事，不是吗？在我看来，受罚是成长的一部分。得有人去当坏人。我的孩子们要是不服从我，我会毫不犹豫地动手打他们屁股，而且，有时我还会把他们关起来。他们想和我们在一起，得付出代价。”

这些话说得振振有词，毫不客气，可是，莉莲温和地注视着他。“是有些学校和你有同样的观点。我们都上过这种学校，我还在里面教过书。”说到此，她就不再多说了，情愿让听众自己去想出不同的意见。

斯图尔特的妈妈举起手来：“我的困扰是，有时候我非常生气，特别是对我那个二年级的孩子。我没有办法让自己停下来，然后讲个故事。不过，我真的非常欣赏你能够用这种方式处理问题。毕竟，孩子整天跟你在一起呀。”

亚力克斯的妈妈已经在后面走来走去好一阵子了。“那真的没有效果，”她大声说，“处罚真的一向没用。我姐姐莉莉十几岁时离家出走。你们知道吗？她就是放弃了。莉莉老是犯错，在家在学校都一样。她离家之后，我很害怕，没办法忘怀。你们想想看，这些无家可归的孩子是从哪里来的？我不会处罚亚力克斯，也不会处罚这个将要出生的宝贝。光看塔利老师教学，我就学到很多。我正想办法让亚力克斯的爸爸来学校看看和孩子相处的不同方式。”她看看四周的每一个人，“你必须亲眼看别人是怎么做的才行。要不然，都是白费唇舌。”

我想到小玛蒂追逐着那辆手推车大叫：“停！”而她爸爸将车子带上山给他的小女儿。这些是她记得的故事，而且传给了亚力克斯和他的同学，她没去记被处罚而使她难过的事。

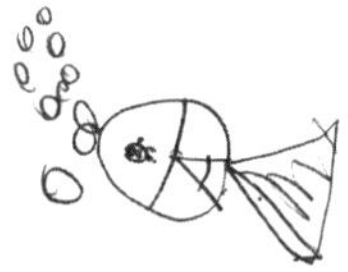

玛蒂·帕里什是对的。这个“和孩子相处的不同方式”偶然地得到了最好的检验。第二天我就亲眼目睹了一个场景，这是一个有关课堂纪律的场景，而这个发生在十分钟之内的场景要比我在整个大学生涯中遇见的许多场景都更能说明问题。

萨姆森把全身压在阿伦身上，又是叫又是捶的。两个男生纠缠在一起，打得昏天暗地，我看不出谁输谁赢，在双方都没受伤之前，莉莲过来把他们分开。

“好了，好了。”在吵闹中，她说着：“我们的米兰达如果看见你们这样打架，会哭，会一直哭。可怜的母牛，她的牛奶会因此变酸。爷爷和奶奶就没有牛奶来泡咖啡，他们会因此生我们的气，而我们会因此生小鸡的气，就这样，一件事引起另一件事，妈妈只好快快跑去把米兰达的耳朵盖起来。”

“为什么她要这样？”还在泪流满面的萨姆森却问出这样一个问题。就要开始说一个故事了。莉莲坐在钢琴椅上，在开始说故事之前，她面前已经有好多孩子坐好等着要听了。

“好，你们都在想，为什么我的兄弟们打架，我妈妈就要赶快跑去把母牛米兰达的耳朵盖起来呢？是这样的，米兰达喜欢平静的牛棚，你们知道的。彼得和奥林打架互相伤害的时候，她会受不了，她的牛奶就会因此变酸。作为一头奶牛，她不在乎谁先动的手，她只在乎自己香甜的牛奶，她以自己的奶为傲。”这时，阿伦与萨姆森已经慢慢移动到了地毯的两边坐着，可是，莉莲鼓励他们过来挨着她坐。

“‘哞——’，她说‘哞——’？”亚力克斯本来一直跟着莉莲，现在却坐在她的怀里，吸吮着三根手指头。

“她‘哞’的声音很大，大到她的孩子们根本听不见我的兄弟们彼此吵闹打架的声音。而且，她的尾巴摇啊摇的，让他们也看不见彼得和奥林推来推去，米兰达不想让她的孩子看见我们凶凶的样子，她不想让他们学我们凶。要是他们去推小绵羊或是刚生下来的小牛，怎么办？他们连站都还站不稳呢！所以，你们能明白了吧，米兰达需要一个平静的牛棚。而且，我们都喜欢她甜甜的牛奶。”

莉莲弯腰去抚摸阿伦的头发，摸摸萨姆森的手臂。“现在，你们知道打架会怎么样了，事情都会搞得乱七八糟，没有秩序。很快，奶奶那只黄色的金丝雀就会停止唱歌，乌龟乔乔会把头缩到壳里去，金鱼贝拉会游到石头桥下不肯出来。”

这些事件的严重性，在孩子们心中留下了深刻的印象。就在这个时候，莉莲却忍不住开怀大笑。“我忍不住要告诉你们一个笑话。有一次，我爷爷忘了一件重要的事，我奶奶对着他大吼大叫，我赶快跑去把母牛米兰达的耳朵和眼睛都盖起来。大家看到了都大笑起来，因为那时我还是一个很小的小女孩。”

“你的头上绑着一条丝带吗？”亚力克斯小声问。阿利格拉伸出手去摸他头上的卷发，而且，把手在头上面放了一会儿。就在这一刹那，教室好像变成一个了更安全的地方。

这时，莉莲才回头来处理阿伦与萨姆森之间的冲突。“对了，萨姆森，你刚刚非常生气。”

“那是因为他一直来偷我的汽车！”

“那不是你的汽车！”

“阿伦，你需要一辆汽车，对不对？那正是彼得和奥林两个人之间常发生的事。他们还会为一根棍子打起来呢。为什么他们会……好，等一等，我要你们帮我表演出他们有多生气。你们两个男生抓住这根积木棍，好吗？我们其他的人当米兰达……”

“还有黄色金丝雀！”

“对。还有乌龟乔乔和金鱼贝拉。好了，妈妈来了，要来盖住我们的耳朵！”

阿伦与萨姆森自觉地拉拽着棍子，其他人学牛哞哞叫，把耳朵盖起来，西娅决定像乌鸦一样叫，却一直咳嗽不停。实习老师汉德尔曼小姐赶快跑去倒一杯水，这时，拉拽之战已经结束，因为大家都注意到了西娅在咳嗽。

当西娅终于不咳了，莉莲松了口气。“现在，牛棚恢复平静了。今天中午我们会有香甜的牛奶喝了。”

米兰达“平静的牛棚”的意象所传递出来的信息，比任何要求合作以及和平相处的演讲要好得多。孩子们已经彼此喜欢对方，然后离开，满怀希望地回到刚才的活动中，好像刚刚发生过好事一般。塔利老师的故事，让他们可以去想象人与动物和睦相处的情形。同时，也使每一个人都免于遭受处罚与相互指责的侮辱。

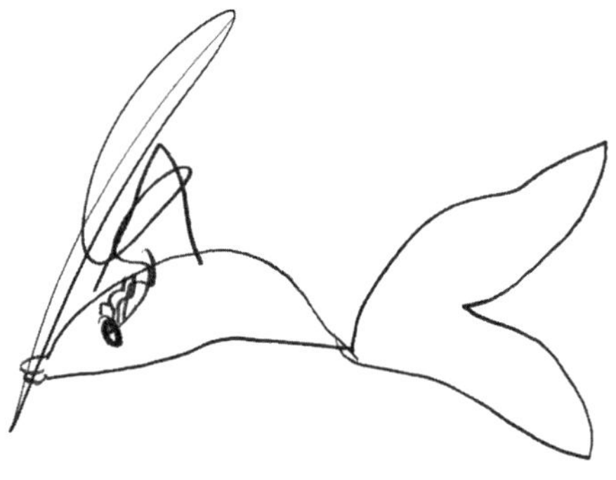

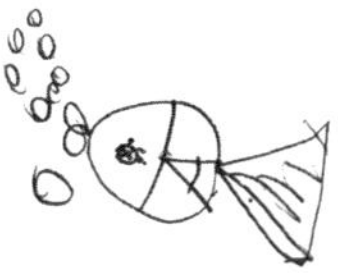

莉莲的故事随时准备好推出故事人物，在孩子们或莉莲自己最需要时，充满魅力地出现在他们面前。这些人物当然包括妈妈，还有头上绑丝带的小女孩，爷爷、奶奶，那些兄弟姐妹和亲戚们的孩子。当然还有母牛米兰达，乌龟乔乔，黄色的金丝雀，金鱼贝拉，大概还有我尚未认识的角色吧。

“你的爸爸呢？”有一次，德韦恩问莉莲。

“在我们小时候，他就过世了，”她解释，“我们很想念他。我们知道，他病得很严重，现在他已经在天上了。”

“哦，是吗，我爸爸也在那里。”

只要她有了念故事的心情，或是孩子们要求她念，莉莲就会为孩子们念，一念再念。但是，当她开始说她自己的故事时，那看不见的联结就会笼罩整个教室，那和孩子们自己的故事所达成的效果是一样的。

作为一个老师，我最早尝试开始讲故事恰逢取消思过椅之时。实际上，我早期的故事中有一则是这样的，有一根思过圆木滚到河里，被水冲走了，不能再拿来纠正河狸的行为，河狸妈妈呜咽地说道："要是我们不能罚他坐上思过圆木，我们要怎么教那个孩子守规矩，做好孩子呢？"森林中的动物都很热心地提供意见，我班上的小朋友也很热心地提供了意见。

他们喜欢我那些有关河狸困境的故事，而且，几乎所有我讲的故事，似乎都能提高他们对别人的不完美的容忍度。但是，我的故事缺乏来自说故事人内心体验的戏剧说服力。

后来，在我最后十年的教学里，出现了喜鹊，那是一只有魔法的鸟。他了解我，知道我的梦，好像我们有生以来一直在一起似的。除了喜鹊，还有魔女比阿特丽克斯、公主亚历山德拉、公主安娜贝拉和她的爸爸卡里姆王子，还有一位离家出走的男孩名叫雷蒙德。他们全都住在一个叫高松国的地方，监督他们的是一个温和的、不随便批评、不会乱下判断的女校长。[1]

我很感激她，只要她一出现，我就能立刻认出她来。她是我小时候的一位老师，我很怀念她。她对孩子们的孤单寂寞以及被拒绝的感受很敏感，反应很快，这一点鼓舞了我，增强了我的决心，她现在是我的榜样。我以前创造故事人物，似乎是为了要改进我自己的行为，满足我的幻想而出现的。经过这么多年观察孩子们演出他们自己的故事，我学到了一些他们的秘密。

不幸的是，当我退休之后，喜鹊也跟着我退休了。不管我多么努力想将他再带入到我的日记里来，那轻而易举、流利无比的想象已经不再出现了。显然，我仍然需要有孩子们的教室，看他们说故事、演故事，那可以激励我去做我自己的故事。

[1] 佩利的作品《孩子国的新约》（简体中文版已于 2018 年 3 月出版）中详细讲述了这个她自编的“喜鹊故事”。

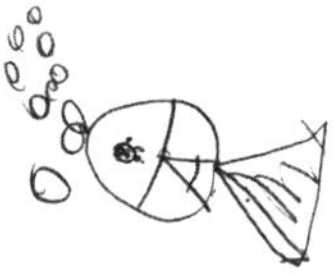

莉莲和我开始通信，有时一封信只有一两句话。“米兰达怎样帮助阿伦和萨姆森变得更受欢迎？”我问她，我把字条留在她书桌上的一个盒子里。她的回信放入盒子边的一个篮子里。“他们了解米兰达需要平静的牛棚，但却不太了解我需要一个平静的教室。”

后来，在另外一张字条上，她补充道：“哦，也许是米兰达的甜牛奶这个想法很容易应用——如果积木区的游戏进行得很顺利，我们会说，‘米兰达的牛奶今天会很甜’。”

“你看这怎么样？”我在回复中这样写道，“当我想出一个故事时，我的气就消了。斯图尔特的妈妈说，她有时候因为生气而没办法说故事，但是，我想，可以反其道而行，也是有效的。你一旦开始说故事，就不会再继续生气了。可是，这一点体会，不做是不会知道的，需要实际去练习。”

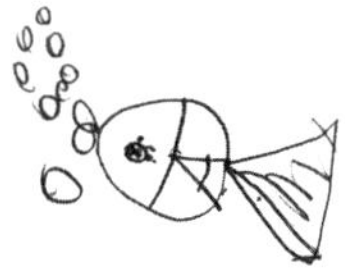

在我来莉莲学校的日子里，我们会早早地见面交谈。今天早上我们特别款待了自己：煮了法式的牛奶咖啡。“因为你在新奥尔良住过很多年，”莉莲说，“我想，你的心是不是仍然留在那里。”

她搅动着一壶牛奶，加热到将滚未滚时，赶快把它从炉子上拿起来，一手拿着法式滴漏壶，一手拿着圆形的深底金属锅，将浓浓的咖啡和牛奶倒在一起，注入杯中，“牛奶咖啡！”她用法语说。

她的咖啡也有故事。“当我奶奶去新奥尔良拜访她的堂兄弟时，他带她到他工作的地方，法语区的咖啡世界。”莉莲往她的咖啡里加了一勺蜂蜜，也往我的杯子里加了一勺。“这是奶奶的特别口味。当然，她的蜂蜜来自爷爷自己养的蜜蜂。”

我们各自又加了满满一勺的蜂蜜到咖啡里。莉莲继续把故事说下去：“因为奶奶是黑人，不能在店里的前厅享受服务，所以他们就在厨房里喝牛奶咖啡，吃糖粉硬饼，奶奶叫它‘女王的客厅’。从那时起，在星期天做礼拜之前，奶奶都会那样招待自己。”

伴随着许多童年时代的回忆，莉莲散发着光芒。“多年之后，我们出生了，我们也就可以喝到奶奶那加着蜂蜜的牛奶咖啡。‘到女王的客厅来。’她会这样对我们说，要是她心情好，她还会做一些蜂蜜小圆面包呢！”

牛奶咖啡一直都是我星期天的必需品。当我丈夫和我，后来还有我们的两个儿子，到新奥尔良的法语区去玩时，我们常常光顾那个著名的咖啡店：咖啡世界。我突然想起来，很可能当她奶奶在厨房喝咖啡时，我们正好在前面露天庭院中接受招待呢！我心中思索着，要不要提我在新奥尔良的这段历史，后来我决定不说，不去破坏“女王的客厅”的形象。

可是，莉莲无需我去澄清真相，她说：“奶奶当然不是一个傻瓜，她知道她在法语区咖啡店的厨房受到了委屈，可是，她可没有让他们羞辱她！”

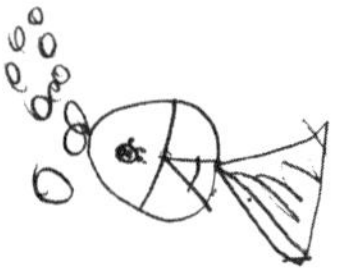

我们的通信内容愈来愈丰富，谈得更广泛了。每天离开前，我在我的篮子里拿到的东西，总会让我面带微笑。“你还在说你的喜鹊故事吗？你最近两本书里没有再提到呢。”

“我没有再说了，”我在她的纸条背后草草写道，“那一部分，在我退休之后就结束了。”第二天早晨，我有事外出两星期，从飞机场寄了一封信给她。信中我将我的意思表达得更清楚些。

“我最后一则喜鹊故事，”我这样写道，“发生于我在学校的最后一天。那位女校长决定离开高松国，去找寻她在梦中见到的地方，在那个地方，学校里只有孩子，没有老师。

她确定自己必须去那个地方，喜鹊和比阿特丽克斯坚持要和她一起去。他们答应一定会再回到高松国来，但是，现在他们还没回来。”

当飞机起飞，有个故事开始成形了。比阿特丽克斯在挖一个洞，发现了一个小小的红沙发。那张红沙发和西娅的关联已经够清楚了，可是，这张沙发是橘花小王子的，这个角色来自很久以前的一个故事，在那个故事里，他住在一朵仙人掌花里面。喜鹊曾经用一个巧妙的计谋，将他从一只金鹰那里救出来，可是，这张红沙发怎么会出现在比阿特丽克斯的洞里呢？

而为什么比阿特丽克斯会去挖那个洞呢？我的孩子一定会笑这一点。可怜的比阿特丽克斯，总是在回家的路上挖洞，她深信，她挖的洞会让从学校放学的孩子出其不意地掉进去，这样她就可以交到新的朋友，虽然喜鹊一再警告她，设置陷阱是不可能交到朋友的。

喜鹊也应该警告我：没有小朋友在的教室，没有等着听他与比阿特丽克斯的故事的孩子，我就不太可能“用陷阱捕捉”到我的故事。我只让自己后悔了一下，然后就翻开本子新的一页，回想起了一个场景，它能与我为喜鹊创造出来的任何场景相匹敌。

米迪亚、德韦恩和迈克造了一艘船，这艘船在莫斯科河上,快要沉下去了。“深水,漂浮！”迈克大叫,“我们下沉了！”

德韦恩的两只手臂疯狂挥动，把一块积木打翻了。“我们沉下去了，可是，我把你救起来了。噢，糟糕了，我们又下沉了！ 911[1]！”

西娅牵着安杰拉的手走了过来。“我们来救你们，我和安杰拉来救你们。”

她简单地用力拉一拉那看不见的绳索，放回了打翻的积木。“好了！我们救了你们了。”

“好强壮的女士啊。”米迪亚带着敬仰的口气说道。两位女生头也没回，就走向娃娃角了。

[1] 美国通用的报警电话号码。消防电话、急救电话、报警电话都是 911。

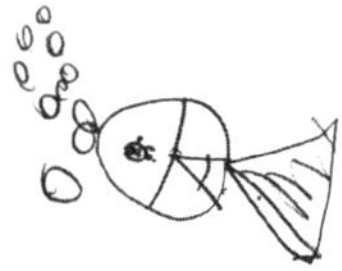

我们站在一个双槽的洗手台前清洗颜料罐子，莉莲转头对我说：“你真的喜欢我们，对不对。”这是在陈述一个事实，而不是问一个问题。

最后一个孩子被接走了，莉莲在等伯尼。“你喜欢我们，这对我们很重要，”她继续说，“你称呼我们为老师。对你而言，我们这个地方是一所学校。我们每一个人都感谢你对这一点的肯定。绝大多数的人会说，我们是照顾孩子的日托工作人员，这一点你清楚，好像我们不如老师，而且，这个地方不是真的学校。我想，是因为我们的薪水很低。大部分的小学老师和中学老师也都不太瞧得起我们。伯尼说，这里的教学，比任何水平好的学校都不差。可是，外界并不重视。”

我终于看见莉莲因为太生气，而说不下去故事的状态了。她专心地洗颜料罐子，洗了几分钟之后，脸上的表情才舒展开来。“不管怎么样，还是回到重要的事情上来，就像爷爷会说的：‘让我们跳回水中去。’”

“意思是？”

“可能指的是，逃亡的奴隶为了隐藏足迹会跳到水里去。那是爷爷猜想的，是一种回归到重要的事情上来，不去理会别人怎么看你的提示。”

“好的，我同意。让我们跳进莫斯科河里，来谈一谈米迪亚。他和亚力克斯是怎么变成那么亲密的朋友的？”

“那就是突然发生的事，毫无征兆。”莉莲说，“有一次亚力克斯去拜访大孩子们，那时米迪亚正在做故事，是一个关于他的猫咪咪雅的故事。在那个故事里最多只用到两个英文单词。但是亚力克斯一直学猫叫，‘喵’个不停，不肯从地毯中央走出来。一直到米迪亚跪下来，拍拍他，他才停止不叫。从此，他们就变得像兄弟——或者是堂兄弟——一般亲密，而亚力克斯就从那时起开始叫米迪亚‘莫斯科’。”

莉莲给我看了一本手工制作的书，封面上用蜡笔写着：“米迪亚在哪里？”“伯尼班上一个五年级的学生做了这本书，送给米迪亚。你看到了吗？米迪亚和他的奶奶在沿着河散步。他的父母工作时，她来照顾他，而同时她也养了一只猫。如果你要思考有关米迪亚的问题，这两条信息是非常重要的。除了这两条信息，还有莫斯科河。”

那本书很精彩，很难相信是一个五年级的学生独立完成的。每一页的上半部分，都有一个人说：“米迪亚在哪里？”在底下有一只小猫回答道：“米迪亚在芝加哥。”最后一页，那只猫跑向一个小男孩，说道：“米迪亚在这里！”莫斯科河像是一条蓝色缎带，一页一页地贯穿整本书。

莉莲一页一页地慢慢翻阅，欣赏着书中的每一个卡通角色。“有一段时间，米迪亚坚持要我们每天都要演这本书。‘米迪亚在哪里？他在芝加哥。’这句话变成了他每天必念的‘咒语’。即使是两岁的小孩子后来也迷上了这个故事。米迪亚很喜欢两岁的小孩子，而亚力克斯是他最喜爱的那个。当亚力克斯说‘米迪亚在哪里？’时，米迪亚就会回答：‘艾力克塞（亚力克斯）在哪里？’接着，他们互相抓住对方，摔扭成一团。

米迪亚是一个非常温厚的孩子，你一看就知道。”

要是要求莉莲做个上课的计划，她要怎样将这些细节写进去呢？想想看，要是她在别的学校教书，就必须按照一套课程计划去教，哪里有时间让这些细节萌发和显露呢？

“你知道的，莉莲，在你这里，没有被演出的部分很少，多半的东西都连在一起，你确实远远超过我的境界。”

“可是别忘了，我们从早到晚整天在一起，寸步不离。我们没有外出课程或特别领域的老师来带孩子们去上别的课，比如，体育课或音乐课。我们全部自己一手包办，全在这四个教室里进行。我们要找谁，总是立刻可以找到。当伯尼告诉我，他的孩子们一天要换许多上课地点时，我想，那就不可能有什么谈话，是能够从头到尾说清楚、讲明白的。”

沮丧感来势汹汹，又袭上我的心头。“你没办法想象这有多么麻烦！我总是想办法安排，确保能留出一整天的时间，不必去上外面的课。我们称之为‘无事日’，就好像我们到乡下待了一天。但是，我要告诉你的是，其他日子里的说故事以及故事的演出才是最有帮助的活动。这个活动使我们能继续在正确的道路上走下去。”

莉莲放声笑道:“伯尼也会安排‘无事日’！实际上，是两个下午。他们称之为‘在家自由日’,他们留在自己的教室，只说故事，并演出。就像我们做的这样。当然，他们的学生是自己写下故事,要是有人需要协助,他可以让伯尼去帮他记，或说给别的学生记，他们还称之为‘在家自由故事日’。”

“你们是在说我的‘在家自由日’的一个下午吗？”伯尼说着，走上楼来，声到人到。

“一个下午？只有一个下午吗？我告诉薇薇安，你们有两个下午。”

“没有那么多了。计算机教室那边刚刚更改了上课时间，我们不得不放弃一个下午的在家自由时间。我们班的孩子虽然喜欢去计算机教室，但是也非常生气。我建议他们在家写好故事，到学校再找时间演出，他们不愿意，他们说，这种事要跟大家一起做才好玩。”

“你告诉过你那些五年级的学生，你的点子是从哪里来的吗？我是说，有些人可能觉得奇怪，都五年级了怎么还学托儿所做的事呢。”

“你是这样想的，对不对？绝不是这样的。开始的时候，是我们替莉莲的孩子写小故事，特别是像米迪亚这样英语不好的孩子，或是像亨利这样有语言障碍的孩子。首先，我针对每一个小孩子，说个小故事给我的学生们听，说出对那个孩子重要的事，例如，就米迪亚而言，得说出他与他的猫。说着说着，隔了一阵子，我们班有些孩子就想要替自己写写那种迷你小故事,而且还要大家演出。慢慢地孩子们就上瘾了。现在，我们得想办法缩短时间，并且还得保持活动原有的意义。有个名叫马西娅的女孩认为，即使是一天只做几个故事，也能达到目的。"

"我想知道，她认为的目的是什么？"

"她说了。依她看来，每一个人说故事的目的是个人亲身体验的表达。不,她说的是,每一个人的目的都应该是平等的、个人亲身体验的表达。"

他们陪我走到我停车的地方。"下次提醒我告诉你亨利的故事。"莉莲说,"他决心要做故事,可是,他的口齿不清,发音有问题，非常难听懂。不过，他就是不肯放弃，直到我写对了，才肯放我走。四周围了一群人，大家都努力在帮助他。"

“我有几个孩子也是那样。”我说，“我如果能在以前的日记中找出来，就会寄给你。”

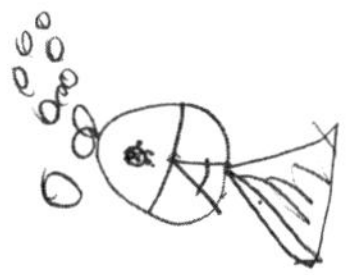

开车回家的路上，我想起了一个名叫弗雷迪的三岁孩子。我们叫他“辛巴达（simba-da）男孩”，因为，他的故事差不多都是从“辛巴达”开始。“达”（da），我们知道是“爸爸”（daddy）的意思，但是，辛巴（simba）就只能任人去猜测了。每一次都好像有什么意思，可是，当我们想去了解它的意思时，一切立刻就都停了下来。我当时并没有意识到，这种每天都会发生的“集体性参与”几乎成了每个人“身份”的符号，就和我曾经所“设计”的所有故事情节一样。

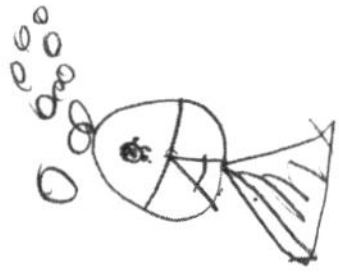

亲爱的莉莲：

你就快认识弗雷迪了，我想，他有一点像你的亨利。那个时候，我总是带着录音机，以应不备之需。我那时在托儿所，老实说，那些孩子说的每一个字，每一句话，我都视如珍宝。弗雷迪是一个坚持要说故事的人，也正因此，说故事这件事成了班级课程的其中一项。（对了，你用过录音机吗？）

弗雷迪：辛巴达……

老师：爸爸是……

弗雷迪：辛巴达达。

老师：爸爸给了你一辆小汽车？

弗雷迪：达呜呜辛巴。

保罗：他指的是宇宙飞船。

吉利：我的小狗，他说的是我的小狗。

弗雷迪：不，不是，有一个辛巴。

保罗：是宇宙飞船，你记得吗，弗雷迪？你以前在里面吧？

弗雷迪：辛巴达呜，哇——哇——哇。

吉利：是小宝贝！小宝贝哇哇地哭？

弗雷迪：是，是！达安我。

老师：好了，所以，是小宝贝在哭，而你是他的爸爸，这是你的故事，是不是？

后来，我们演出了他的故事，他跪在吉利身边，轻轻地抚着她的后背。渐渐地，没过多久，吉利猜出了辛巴的意思。它就是指‘某个东西’，就这么简单。我们十天后见。

亲爱的薇薇安上

附：第二年，弗雷迪几乎就不需要别人的帮助了，可是，在他努力地让别人懂他的那段时光，整个说故事的过程及其演出，让他的心灵保持了完整，不受伤害，也让我们的心灵保持完整无伤。

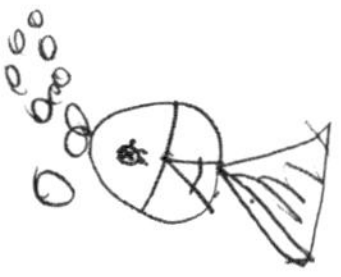

周末，我收到了莉莲的回信。

亲爱的薇薇安：

我录了生平第一个录音带，录的是亨利在沙盘桌边的谈话。有趣的是，亨利当时根本没有想要说故事，他是自己在玩一只小老虎。但是，我决定将他做的一切都录成故事，看看会发生什么。

莉莲：亨利，你在做一座小山，是吧。

亨利：嗯噜。

莉莲：一个小男孩在做一座小山，他拍小山，拍、拍、拍。

亨利：嗯噜！

莉莲：他在小山上挖个洞，把小老虎放在洞里面。

亨利：我、我也要进去。

莉莲：小男孩也住在里面。

亨利：咘姆也一起，迈克？

迈克：好啊。那个孩子和我，我们要去散步。

亨利：嗯库噜。十库。

老师：到公园去吗？

迈克：到学校。我们要去学校。

亨利：是呀，库。

莉莲的信继续：

下面是另外一幕，亨利与西娅。我没有录音，但是，我记得很清楚，因为亨利没有说半句话。我记下这一幕的原因是，西娅做了我想要做的，而且，她做得更深入。我们必须承认，只有孩子才有办法那么深入。

亨利在娃娃角玩点滴器，把药水滴到娃娃的嘴里。西娅跑过去，开始问他："亨利，你应该是谁？你是爸爸吗？还是妈妈？哦，你是医生。是的，小宝宝生病了。你给他打一针，打在这里。来吧！亨利，你是医生！我是妈妈。妈妈，拉得达，哦，谢谢你，医生，孩子的病好了。"

就这样，你还没搞清楚呢，亨利就成了医生，在处方笺上开药方。伯尼说，我应该将西娅租给别的教室。

莉莲上

我还没再去拜访托儿中心，就收到莉莲的另外一封信。

我在练习录音，录音的工作简直是在催眠，但是，我的天！你怎么有时间？我一天只能录一小段，要不然，根本无法将它写出来。这一段是关于瓦希的，那个印度来的小女孩。你注意过她吗？她很容易被忽视，比阿利格拉更容易，因为瓦希不肯跟我们讲话。她在家说，跟我们不说。重要的是，她一直都留在娃娃角玩。有趣的是，在我录的这段里，西娅又在扮演她的角色，而瓦希，你注意哦，一个字也没说。

西娅：嗨，妈妈，我要去参加舞会。

（瓦希给了她一件红披风。）

西娅：谢谢妈妈。我是小红帽。

阿伦：我是野狼爸爸。

西娅：那你要在森林里。然后你回家，你说“小宝宝怎么样了？”

阿伦：小宝宝怎么样了？

西娅：不，是对妈妈说。

阿伦：小宝宝怎么样了？

西娅：妈妈说很好，她在做生日蛋糕给你。

（瓦希举起一块纸黏土。）

阿伦：是猎人的生日蛋糕，我是一匹野狼爸爸，是打猎的。

（瓦希在他的脖子上系了一个圆点花样的领带。）

阿伦：谢谢妈妈，要去参加派对，是吗？好的，现在是六点，我刚回到家。

西娅：明天是我的生日，不要忘了。

这个剧被打断了，因为阿伦看见萨姆森，想跟他玩。阿利格拉正好看见了全部的过程，虽然西娅邀她来当姐妹，但是她不肯加入。所以，我们这有两个女生：有一位说故事，但是不参加演出，而另外一个任何人的故事她都愿意参加演出，但是，不肯说话。还有西娅是总指挥，将一切串在一起。

莉莲上

附：阿伦，完美无缺的野狼爸爸，怎么样？我只能说，有娃娃角真棒。

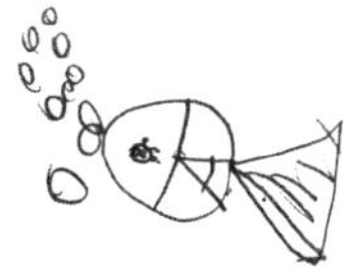

莉莲端了一杯速溶咖啡给我。“对不起，今天没有法式牛奶咖啡。我从法国市场买来的咖啡用光了。”

她把爷爷的故事稍加修改了一下。

“下面这件事和瓦希有点关系。我的表姐萨莉·伯尼斯放学下校车时，有时候心情不好，因为她的老师们不喜欢她，而且，还故意让她知道他们不喜欢她。她在学校不敢不说话，可是，要是情况十分糟糕时，回到家，她会拒绝跟我们说话。

“爷爷说没关系，他会注意，叫我们不要去打扰她，让她自己带着。其他的大人都说她被爷爷宠坏了，可是，我们这些堂兄弟姐妹比大人更了解。萨莉·伯尼斯的情绪要是没有发泄的出口，是会爆炸的。”

“孩子们也是这样看瓦希的，不是吗？”我问，“从你的录音带里听起来，好像没有人认为瓦希不说话有什么好奇怪的。”

“没错。他们认为瓦希是能说话的，但是，很简单，她就是不想说，她自己有充分的理由不说话。不管怎么样，我不像爷爷那么放得开。我要求她的爸爸到学校来，和我们待一段时间，让她亲耳听到她爸爸跟我们用英语交谈。我想，她可能觉得困惑，为什么我们要那样做。她的妈妈病得很严重，所以瓦希大部分时间和奶奶一起住。她的爸爸妈妈彼此交谈时用的是孟加拉语。也许，问题就出在这里。这和萨莉·伯尼斯的状况不同。但是，爷爷的观念是：这些事，交给时间去处理。只要我们不表现出好像随时都会出问题的样子，问题自然是会解决的。这个观念明显在瓦希身上看到效果了。”

“你爷爷的观念帮助到的不只是瓦希。对了，萨莉·伯尼斯后来怎么样了？”

“她在新泽西当公共卫生护士，是个单亲妈妈，自己养育三个好孩子。人最终都会成长，在这个过程中要给予一些善意和尊重。当然，在那时候，我们不觉得所有问题都一定要在一年级之前挖出来，非解决不可。”

“我打赌，你爷爷一定会有个林肯故事可以说给萨莉·伯尼斯，”我说，“林肯是很容易沉默不语的，你知道的。”

“哦，是啊。爷爷给我们说过一个林肯故事：林肯太太用了一个多小时，想要引起林肯先生的注意，而他正全身放松地躺在地毯上看书，几个小男孩在那跑来跑去。他始终没有反应，最终，林肯太太放声哭了起来。哭声一出，他吓得立刻跳了起来，觉得非常抱歉，一直对林肯太太说对不起。说完，又立刻埋头去读他的书，好像房间里只有他一个人。萨莉·伯尼斯在通往门廊的过道上的角落里，认真地听着爷爷说的这个故事，她忍不住大声笑出来。听到自己的笑声之后，她才意识到，她应该是在生气才对，所以，她大叫道：‘我没有和你们一起笑！’”

我往咖啡杯里倒满肥皂水，在水槽边洗杯子。今天早晨，我把自己的杯子带到了学校，杯子上印着“奶奶”两个字，这是我的孙子们送我的礼物，把它带到塔利老师的教室，很合适。

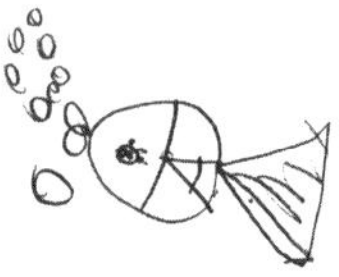

在沙盘区里，西娅将四根树枝插在用潮湿的沙子做成的蛋糕上，端给瓦希。她自己的蛋糕上也插了四根树枝，她觉得这需要解释一下。“大家知道吗？我和瓦希都是四岁，但是，我是比较大的四岁，瓦希是比较小的四岁，你们知道为什么吗？因为瓦希过完她的生日之后，我的生日才到，所以，我一定比她大。”

沙盘区里的孩子们，没有人怀疑西娅的观点。能够受到邀请，参加她的“某一个人的生日”的游戏，玩各种不同的东西，大家就已经很满足了。今天，蜡烛的数目是重要的问题。“你是几根蜡烛？”他们彼此询问。阿利格拉的回答是“六”，乔丹说的“九”，而德韦恩则毫无理由地推倒了瓦希的蛋糕。

她好奇地瞪着他看，然后，小心翼翼地重新做了她的蛋糕，并且在原来四根树枝的旁边再加上三根。“我是七岁。”她平静地说。瓦希说话了。

他们没有摇铃，也没有其他亮闪闪的东西庆祝生日。只有阿利格拉看起来面带惊喜。那些女生没有人注意到一个原来都不说话的同伴开口说话了。我将这一段记入我的日记：“据我所知，瓦希到学校来说的第一句话是‘我是七岁’，那是在德韦恩推倒她的蛋糕之后。为什么选这个时候开口说话呢？”我要是她的老师，我会有更多话要说。很可能当时沙盘区里的每一个孩子，对这件事都会比我有更好的诠释。

莉莲跪在地上拔草，小花园就在操场那边。“你猜都猜不到刚刚发生了什么事。”我小声对她说，“瓦希说了一句话！德韦恩推垮了她的蛋糕，她平静地重新做了一个，插上七根蜡烛，然后说‘我是七岁’。”

莉莲立刻站了起来，把膝上的泥拍干净，去告诉马丁娜这个消息，马丁娜是她的助教。接着，马丁娜走到滑梯那边去告诉助手西莉亚，西莉亚东看看，西看看，发现没有别人可以告诉，就跑来告诉我。“猜猜刚才发生了什么！”她说。连太阳都好像在做笔记，记录着操场上孩子们游乐的过程，因为，这时，阳光突然穿过云层，照了下来。

莉莲又去拔草了。“为什么是现在？”我弯腰下去问她，“我不在的这一段时间，发生了什么重要的事？”

“她爸爸来了。也许就是因为这件事。他来跟我吃了两次午餐，事实上，他和孩子们很谈得来。他把瓦希带回家里的每一个故事，都至少重复讲了两次。红沙发的故事，迈克的兔子想爬山的故事，米迪亚的猫，全都讲了。”

“真是个聪明人！”

莉莲接下来说的话，不出我的意料。“他是一个了解自己孩子的爸爸。”她对孩子们的爸爸、妈妈、爷爷、奶奶真是出奇地信任。她相信他们，希望他们将智慧带到学校来。

不止于此，因为孩子们的家人知道莉莲信任他们的孩子，所以他们很愿意努力去了解塔利老师的教室所看重的价值。时间久了，他们就会自然而然地跟着故事和游戏的节奏走。当亚力克斯的妈妈来接亚力克斯，看到他满脸泪水的时候，在拥抱他，亲吻他之后，她准确地知道要怎么办。“米迪亚！”

她看见米迪亚从门口走过，把他叫住。“过来，告诉我你的猫叫什么名字。我老是忘记。”

米迪亚跑过来，抓住亚力克斯的手。“我的猫叫咪雅！艾力克塞做咪雅。”他说。亚力克斯擦干眼泪，四肢着地趴在地上，学猫轻声咕噜咕噜，米迪亚抚摸着他的脖子。

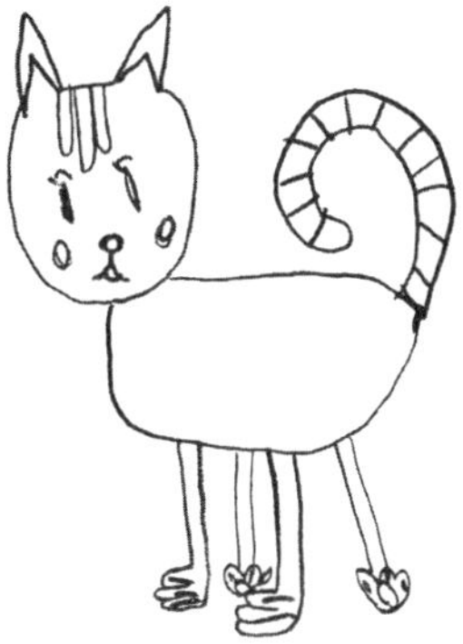

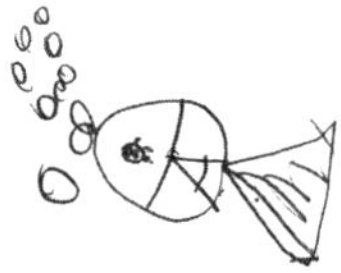

当 E.B. 怀特[1]（E.B.White）借着夏洛把世界介绍给我们时，我们想要知道的有关友谊、忠诚的一切都在那，就在朱克曼的家畜栏里，等着我们去思考。可是，要是我们注意观察，其实每一个教室都有一位他们自己的夏洛，在同学们的桌椅上编织着网，而且也有好多个小猪威尔伯盼望看到爱的迹象，在寻找归属感。

在塔利老师的教室，西娅经常扮演着夏洛的角色，阿利格拉在扮演小猪威尔伯。不管如何，在西娅看来，这个世界

[1] 埃尔文·布鲁克斯·怀特（Elwyn Brooks White），美国作家。后文“夏洛”和“威尔伯”都是其 1952 年出版的儿童文学《夏洛的网》中的主要角色。

上的每一个人都很可能得到她周到的关怀。

阿利格拉自己坐着在画彩虹。当看见我要和她一起画时，她四下张望着寻找莉莲，莉莲正在和米迪亚玩跳棋。看到她的老师就在附近，她安心了，开始画另外一种颜色。“你下一个要画红色。”西娅指出。她拉着椅子靠近阿利格拉一些。“好啊，那我就先画红色，好吗？我应该先画红色吗？你告诉我。”

阿利格拉再一次看看莉莲，然后说：“是的。”现在，西娅决定将她的网织到我的椅子上来。“佩利老师可以画彩虹。她可以先画黄色。阿利格拉，她应该先画黄色吗？”

当我决定自己说出来时，阿利格拉的样子放松了起来。“我想我是要画彩虹。西娅，你说先画黄色？好，黄色好。我没有先从黄色画起过。”接过西娅交给我的黄色蜡笔，我从架子上取下一张纸。“你看，黄色就是好看。下一个颜色我要画红色。”

西娅带着审视的眼光监督着我们。“你注——意——到阿利格拉也是先画黄色吗？”“注意”两个字拉得很长，每个字都清清楚楚。“而且，接下来她画的也是红色。”

我们好像在用密码交谈。“然后呢？”我直接问阿利格拉。

“红色之后是橙色吗？”但是，回答的却是西娅。“看呀，阿利格拉把黄色和红色混在一起了。啦嗒啦，你注意到了吗？很好看啊！”

“是很棒，阿利格拉，”我说，“你自己调出了橙色。因为，你每一次调的，都会有一点不一样。”

出乎意料的，阿利格拉转过来说：“我是被收养的小孩。”她停了一下，然后一口气把想说的说完。“但是梅拉妮不是收养的。妈妈要是想要小孩，就努力许愿，肚子里就会有小孩，再生出来。梅拉妮是我妈妈自己生的，有人许愿要我，可是，我妈妈比那个人更努力许愿，所以就把她的愿望要过来了。”

我很努力地保持语气平静。“阿利格拉，我家也是这样，我们的小儿子也是收养的，就像你，我们的大儿子是从我肚子里生下来的。”我停下来等着看阿利格拉接下去会说什么，可是，她专心在给黄色画上深一些的色调。

我把我画的彩虹放在她眼前。“阿利格拉，你自己调橙色时，是先上黄色再加红色呢？还是先上红色再加黄色？”

阿利格拉仔细看着她自己的彩虹，仿佛在努力回忆。她说：“如果你要画的是淡淡的橙色，你可以先画黄色。我比梅兰妮早一些，因为我比小宝宝大。”

我们三个认真在画彩虹的人，一起画了一阵子。接下来，西娅先开口说：“阿利格拉，你为什么被人家收养？”

我屏住气息，好紧张。可是，阿利格拉脱口就说出她的答案：“那时我已经没有妈妈了，我现在的妈妈当时没有小孩，他们找到我，我就做了他们的小孩。”她注视着西娅，好像在等她的反应。可是，她的朋友沉默，没有反应，她们又回头继续画她们的彩虹。

“我还认识被收养的人，”我说，我的心扑通扑通地跳。“他的名字叫喜鹊。他是一只大鸟，黑白色的鸟。”喜鹊飞出来了，不能退缩啦。

“阿利格拉和我是黑色和白色。”西娅说。

“是啊，可是，喜鹊身上同时有黑色和白色的羽毛。我猜，你和阿利格拉拥抱在一起时，看起来就像是一只喜鹊。”两个小女生彼此害羞地微笑着对看。我继续说我的喜鹊。

“当喜鹊还在蛋壳里时，一阵飓风来袭，把那个蛋吹离了巢，蛋掉落在地面软软的青苔上。小魔女比阿特丽克斯发现了他，就把他捡回家，放在安全温暖的地方，让他孵化。比阿特丽克斯自己一个人住，她爱喜鹊，所以，就收养了他。”

两个小女生停止着色。“她是魔女？”西娅说，“是一个真的魔女吗？”

“比阿特丽克斯是一个真正的魔女。可是，她也是一个女孩子，而且，她还是喜鹊的朋友。你猜她是一个好魔女吗？喜鹊认为，她和亚历山德拉公主、安娜贝拉公主或者雷蒙德一样，没有什么差别。他们都是他的朋友。大部分时间里，比阿特丽克斯是很友好的，可是，有时候，她什么都想自己占有，不肯分享，这时，喜鹊就会告诉她：‘不要像只刻薄的老乌鸦！’[1]”

我的角色们睡足了，现在渐渐醒来了，活泼自信的亚历山德拉公主就像西娅，害羞的安娜贝拉有阿利格拉的样子，米迪亚可以当安娜贝拉的父亲卡里姆王子，而德韦恩当然就是比阿特丽克斯。他把瓦希的蛋糕弄坏了，这简直就是比阿特丽克斯的手法，虽然他施展在恶作剧中的法术尚显不足，不过他对瓦希的影响却很神奇。

“她会怎么样？”西娅不断地追问我这个问题，“当比阿

[1] 乌鸦一般性格凶悍，富于侵略性。

特丽克斯发狠时，她会怎么样？”

“她不会怎么样。不过，她毕竟是魔女，总是有点魔法。但是，她会的魔法不够多。她妈妈曾经教过她，可是，她太贪玩，缺乏练习，所以会的不多。”

“她会什么呢？”西娅想要对我的年轻小魔女多一点精确的认识。

“这个嘛，让我想一想。”我说，心中很快就有了一个故事情节。“想到了，比阿特丽克斯做的事嘛。有一天，亚历山德拉公主举行生日会，她忘了邀请比阿特丽克斯和喜鹊。她请了班上的每一个小孩。大小孩，小小孩通通都请，连学校的老师们也都邀请了。可是，后来她写邀请卡写累了，所以事情就出现了这样的结果。”

“她的妈妈没有帮她的忙。”西娅说。

“她的妈妈，就是皇后，忙着做生日蛋糕。总之，比阿特丽克斯没有接到请柬，喜鹊也没有接到。喜鹊无所谓，他告诉比阿特丽克斯，鸟通常是不去参加生日会的。”

“他们是不参加。”西娅确认。

“魔女也不参加吧。”阿利格拉犹疑地加上一句话。

“也许是不参加，但是比阿特丽克斯想去。所以，她很不高兴。‘告诉亚历山德拉你的感觉。’喜鹊说。可是，比阿特丽克斯有个坏主意。她把自己变成一只小小的褐色的蛾，有个翼翅上带一点黄色斑点。然后，她从开着的窗户飞进了皇宫，噗！她让生日蛋糕消失了，一下子就不见了！”

小女生们惊觉，这好像比德韦恩在沙盘那边调皮恶作剧把瓦希的蛋糕弄坏更严重。“幸好，喜鹊一直跟在比阿特丽克斯背后，而且听到了大家在大声叫喊：‘生日蛋糕在哪呢？’”

“喜鹊一看到那只翼翅上有一点黄色斑点的褐色飞蛾，就知道那是谁了。‘比阿特丽克斯！你把亚历山德拉弄哭了！’真的，眼泪从公主的脸上扑簌簌地流下来。皇后看起来也快哭了，因为她费了一整个早上的时间做那个蛋糕。”

西娅是大家公认的做生日蛋糕的专家。“皇后做了粉红色的花朵围在蛋糕周边，中间放了一个芭比娃娃。”她说。

“其实，比阿特丽克斯原先根本就没有注意到那个蛋糕是那么豪华。而且，除此之外，她并不是那种想要把小孩弄哭的魔女。所以，她把自己变回到小女孩，眨眼三次，跺一跺双脚，噗！蛋糕出现了，回到了银盘里。现在，换比阿特丽克斯觉得想哭了。”

“魔女很少哭,很少很少。”西娅说。接着她补了一句:“要是她们没被邀请，也是会哭的。”

“不管怎么样，其实，不用流泪哭泣。当亚历山德拉看见比阿特丽克斯时，她立刻跑上前去，拉起她的手。‘你来了我真高兴！我们正准备要开始唱噜比噜（LoobyLoo）！[1]’”

“她又要凶起来了，要使坏了。”德韦恩说，他在我们背后的地板上。他推着一辆小车子，一直撞着我的椅子。

“这一次不会。嗯，德韦恩，亲爱的，请不要一直撞我的椅子。谢谢你。不，真的，比阿特丽克斯再也没想要使坏了。当她被邀请时，她是不会使坏的。”

德韦恩检查了他的车子，假装不知道自己刚刚在撞椅子。接着，他问我有关喜鹊的事:“他玩噜比噜了吗？他用他的翅膀跳吗？”

“我想想看。喜鹊在生日会上做了什么呢？哦，对了，学校的女校长想要问他关于黄色金丝雀的事。因为她的黄色金丝雀不叫了，老师很担心。喜鹊很懂鸟，你知道的，连笼子

[1] 英国的洗澡游戏童谣，由两位或多位小朋友、父母、老师一起吟唱。

里养的鸟他也懂。”

“塔利老师的奶奶有一只黄色的金丝雀。”西娅提醒我们。这是和沙盘边的生日蛋糕一起借用来的另一个细节。有一位童书编辑在收到我寄给她的喜鹊故事集，希望他们出版时，告诉我：“这些故事确实属于孩子们的课堂，每一个人都在注意听，而且，当场作出准确的反应。”

如果喜鹊一直在等着要找出一个人人都能作出准确反应的班级，他可以说已经来到了正确的地方。“他玩噜比噜了吗？”德韦恩坚持着。

“他可能玩了。德韦恩，你的车子又在撞我的椅子。你大概需要建造个车库。你的车子在找一个家。”

德韦恩斜着眼睛看着我，微笑着说：“我的车子在找喜鹊。”他靠近桌子，坐在我身边。他把装乐高的桶拉了过来，拿乐高绕着他的车子开始筑一道墙。“这里，这个位置，是给喜鹊的。”

我知道，他在邀请我玩。我拱起手掌，假装喜鹊飞进德韦恩的车库。“来了，他很高兴来参观一下你的车子。也许你可以给他做个巢，你觉得怎么样？”

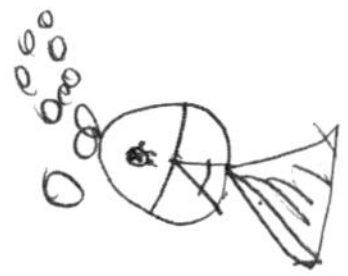

无法避免的，我又得离开几个星期。等我再回来时，亚力克斯的小妹妹已经出生了，而且瓦希说出了她的第一个故事。这两则消息是我加入到西娅和阿利格拉的故事桌时，西娅告诉我的。她们还在画彩虹。

“我要先画蓝色，”我说，好像时间未曾过去一样，“然后是绿色。我要自己调绿色，先画蓝，再加入黄。”

“我们开始先画红色，”西娅告诉我，“亚力克斯的小宝宝叫埃莉萨。”

“瓦希的故事讲的是什么？”我问，在我想象中，她的故事是关于一个小女孩的，她的生日蛋糕被弄坏了。很显然，对这样一个小小的烦恼，瓦希的兴趣不大。她的故事讲的是两姐妹在树林里找到一个微波炉。

“微波炉？真的？真是没想到。”

“为什么？”西娅想知道。她惊讶似乎是因为我的惊讶。“我猜是因为我小时候还没有微波炉这种东西。我没有想到会在瓦希的故事里听到微波炉，不过，有什么不可以呢？现在，大概每个人都有个微波炉呢！”

阿利格拉审视着我的彩虹，向我要黄色蜡笔。“亚历山德拉公主有微波炉吗？”

“没有，她没有。那个故事是很久以前的故事。那时，人们用木头来烧火煮东西，在铁炉子里或是壁炉里烧木头。”

“可是喜鹊不烧，对不对？”西娅画了一只V字形的鸟飞过她的彩虹。我照着她画的样子，在我的画面的右下角也画了一个。在它的旁边，我添上一根树枝，那根树枝正在画跪着的一个女孩，她的头发乱乱的。“比阿特丽克斯用松针和苔藓替喜鹊做了个巢。喜鹊的食物不用煮，因为大部分是浆果或是种子。”

“还有小昆虫和小蠕虫。”德韦恩说。他拉过一把椅子。

他称赞我们画的彩虹，然后抓起三根蜡笔，开始画他自己的锯齿状彩虹。西娅注意看着他抓着蜡笔的拳头在纸面上移动，没有说什么。她心中另有念头。“魔女会结婚吗？”她问。

“会，会，魔女会结婚。”德韦恩回答，“每个人都会结婚。我另外一个爸爸告诉我的。连鸟也会结婚。”他望着我，希望我认同他的话。

“我知道喜鹊会结婚。他遇到了尼尔女士，他们在一棵大橡树上筑了巢，那棵大橡树矗立在比阿特丽克斯的山洞旁边。”

我的故事跳到了一个新的场景。喜鹊，看起来好像要演父母的角色了。他和比阿特丽克斯总是能够将我拉进意想不到的路途，随着岁月的变迁，每年都有些不一样，以适应行动缓慢，到处游走的幼儿园新来的学生。但是，我要如何才能将我的故事，在这样一个班级顺利发展出来呢？

莉莲从两岁的孩子那边过来，带着一大堆新购的记录故事的纸。她坐了下来，检查了一下说故事的登记簿。“我要说一个彩虹的故事。”阿利格拉说。

“我看看，这里，你登记的是第三位。”莉莲回答，“等轮到你时，你还能记得你的故事吗？迈克是第一位。迈克，你在哪里？”他的名字代号 M 写得很大，占了三行。

他藏在一个箱子和积木堆起来的城堡里，然后突然现身，牛仔衣的背部插上了一把厚纸板做成的剑。阿利格拉和西娅手中的蜡笔移动着，彩虹更接近说故事的人身边了，可是，德韦恩这时却放弃了他的图。他转移注意，从口袋拿出一个超级大英雄玩偶，要给迈克。“你要做 X 光人（X-ray Man）吗？”

“呜——呼——”迈克说，“我正在演一个在山上的故事。”

“噢，对了，我忘记了。”德韦恩点点头，把 X 光人立在一张桌子上，面对着迈克。“他在这里听你的故事，好吗？”

“好呀，”迈克转向莉莲，“所以，有一座山，”他说，就好像他以前没有讲过这个故事一般，“兔子往山上爬呀爬，爬呀爬，后来，他跌下来。他爸爸走过来，把他抱起来，抱到高大的山上。”

“X 光人，他真的可能把他抱起来。”德韦恩说。

“是呀，我知道。”可是，迈克的故事就只说到这里，没再继续。什么时候兔子会自己登上那座山？不只是德韦恩和我正在猜迈克心中的想法，有好几个小孩也停了下来，竖起耳朵注意听。这是多么令人惊讶的现象：一个四岁大的小孩，能够通过重复述说一个角色爬山不断失败的经验，为我们制造出生动有趣的悬疑。他以前在父母讲的故事中听过山，就这样，去想办法传递这世界上因为人小而难以达成目标的无奈与挫折感。这种无奈是否也是那些小女生不断画彩虹的原因？彩虹高高在上，很高，但是她们却能掌控。

米迪亚在我面前放下一副棋盘。“和我玩好吗？”他问。他邀请我，是因为我是唯一没事的大人。一开始，我就知道他会玩跳棋。尽管亚力克斯拉着他的手臂，但是他在第三步就跳过了我的棋子，然后告诉我，我接下来应该怎么下。“这一步要这样下。”他有礼貌地说。

轮到西娅说她的故事。她写在说故事登记簿上的名字很小很小，我得戴上眼镜才能看清楚。她静静地坐着，好像过了很久，她瞄着我，我很难理解她那种眼神。她坐着不动，沉默而端正，吸引着在座的每一个人。

她深深地吸了一口气，两只眼睛再次盯着我。“有一只小小鸟，”她开始说，“那个小女孩捡到他。他从树上掉下来。那个小女孩是一个魔女。”

莉莲向我投来惊奇的目光。“喜鹊和比阿特丽克斯，”西娅继续说，“那是他们的名字，他是……”阿利格拉说了一个词，西娅靠过去，在她的耳边小声说：“噢，是的，他是收养的。”

米迪亚本来看着棋盘，突然抬起头来。“谁是喜鹊？”他问。莉莲大笑说：“我猜，是佩利老师常常提到的一只鸟，她很喜欢的一只鸟，米迪亚，她把喜鹊告诉了西娅和阿利格拉……”

德韦恩跳起来说：“我也是！喜鹊也认识我！”

“你要说你认识喜鹊？”西娅纠正他。

“我的意思是他认识我，”德韦恩坚持，“因为，他听到了我在讲他。”

西娅被德韦恩这种相互性的观念所吸引。“X 光人认识我吗？”她问，她看着德韦恩来来回回地移动 X 光人。“如果我谈到他，他会认识西娅吗？”

“如果你和他玩。他会认识你。譬如说，你把他放在你的故事里。”

现场的每一个人都在等待西娅的决定。莉莲没有说什么，她不去影响西娅，只准备好要接收她的下一个句子。可是，她没有说下去，反而要求将刚刚她说的故事念一遍给她自己听。当我们全都盯着西娅、德韦恩及 X 光人看时，故事桌上的戏剧张力达到了高潮。

西娅会改变情节，纳入德韦恩的快乐象征吗？德韦恩，到目前为止，没有特别做过什么能使西娅快乐的事。但是，他快要沉没到莫斯科河底时，她曾经救过他，还有，他不是还坐在西娅身边画过彩虹吗？

德韦恩凑上前，弯腰，把 X 光人放在西娅面前，还把 X 光人摆好姿势，摆成好像在注意听西娅说故事的样子。她拿起 X 光人，细细看了一遍。“他会飞吗？”她问。

德韦恩点头表示会。“他会飞，而且，他不用翅膀就能飞。”

“哦，那好。比阿特丽克斯看见 X 光人飞过来，问他说，要不要被收养？但是，他说，谢谢，他不要，因为‘我已经有一个朋友了，他叫德韦恩’。”

“我应该把这些都写下来吗？”莉莲问。

“那是我的故事的一部分。”西娅告诉她。莉莲看起来很高兴。有些事件或情况是我们在教室等待着和盼望着的，就像现在，有人对着另外一个人伸出友谊之手，彰显出完美的和谐。

“接着喜鹊来了。”西娅说。

“然后呢……？”莉莲想要西娅多说一些。

“故事完了。喜鹊来了。”

“好。你现在让我们都对喜鹊充满好奇。”莉莲笑道，“我们请佩利老师多说一些给我们听。”

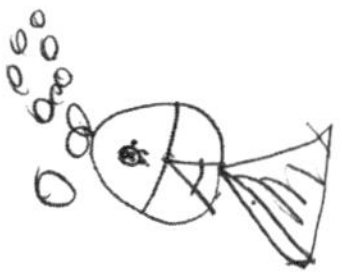

“尼尔女士心中有重要的事。喜鹊看得出来。因为当他从亚历山德拉公主的生日会上带着一块生日蛋糕回到家时，她几乎没有注意到。‘嘘——’她小声地说，‘喜鹊，过来看。’”

放学回家的时间快到了。我们大家坐在故事演出的地毯上，听我第一次正式开讲喜鹊的故事。西娅已经抢先将故事中的两个主要角色介绍出来，放在她自己的故事里，而且在下午吃点心时告诉了大家蛋糕消失的事。她甚至还轻轻推了我一下，把故事推向她希望的方向，她说：“生日会之后，喜鹊做了什么？”

我巡视了一遍地毯上的孩子们，看见亚力克斯舒服地蜷在莉莲的怀里，他是一个忧伤的小孩，口中嚼着他身上盖的黄色毯子。这些日子，他因为他的妈妈忧虑着，对一个快要步入三岁的两岁小孩来说，妈妈在家常常只和新生宝宝在一起，是一件不好过的事。

我把他对小宝宝忧心忡忡的情况，放到我的故事里来。“‘嘘——，小心，喜鹊，瞧一瞧我底下，你会看见好看的东西！’尼尔女士抬起她的翅膀，喜鹊深吸一口气。‘那么多！’然后，他开始算，‘一、二、三、四、五，五颗美丽的蛋！’”

“尼尔女士自己又算一次，‘一、二、三、四、五。’她数着，好像很难相信这些蛋全都是他们的。‘亲爱的喜鹊，你喜欢这些蛋的颜色吗？灰白色里带点黄色。’”

“她很小心，不敢动，不过，她知道，这些蛋要时时翻动。‘我们要坐在上面，轻轻坐着孵他们，保持温暖。’”

“‘我们孵蛋？’喜鹊没想到做父亲的也要孵蛋，‘要是你愿意整天孵蛋，亲爱的，我会出去找吃的，带回来给你吃。’”

“‘谢谢你，喜鹊，但这是不可能的。当然，蛋是由我来下，可是，有关我们宝宝的其他一切，我们必须得轮流，一起承担。’”

亚力克斯眉头紧锁着朝我望过来，毯子掉在了地上。我们注意到了他举止上的变化。阿利格拉把他的毯子捡起来交还给他，然后留在莉莲身边，斜斜地靠着她，手里拉着毯子的边缘。

“喜鹊用翼翅的尖端，把每一个蛋摸一遍。‘尼尔女士，我们可以邀请女校长班里的小朋友来看看我们的蛋吗？’他问。”

“‘当然可以，’她回答，‘可是，他们会保持安静，不伸手摸我们的蛋吗？’”

我的双手假装捧着蛋。“让我们做给尼尔女士看，我们有多么安静，我们可以踮着脚尖，过来看鸟巢的蛋，好吗？来，安娜贝拉，来，亚历山德拉，来，雷蒙德，每一个人都来看。尼尔女士的翅膀举起来，我们可以看到她的蛋。”

我没有再说什么，大孩子一个接一个地过来看。西娅数道：“一、二、三、四、五。”她盯着我双手捧着的假装存在的蛋，其他的孩子也照样看着、数着。亚力克斯显然看了很不高兴，他从莉莲的怀里溜下来，朝着我爬过来，突然，他跳了起来，跳到我面前，把我手中的“鸟巢”打翻了。

“没有小宝贝！”他大叫，泪流满面。“不要小宝贝！不要小宝贝！不要小宝贝！”他跑回莉莲那边，倒向莉莲的双臂。

他感觉到莉莲在拥抱他，停止了哭泣，双目紧闭。

孩子们注视着地板，好像真的有蛋破碎在他们的脚下，然后面带严肃，走回他们的位置，坐在地毯上，把忧伤不安的眼光投向亚力克斯。他成了我的故事的一部分。

“可是，有人不愿意看见尼尔女士的蛋。”我继续说下去，“雷蒙德坐在大橡树旁边，他的头低低地垂着。他有心事，他难过。喜鹊飞到他身边，用柔软的羽毛轻轻拂一拂他的脸。”

“‘雷蒙德，没关系，我们再找时间来看蛋，人少一点，不那么拥挤的时候再来，或是，等孵出来时再来看。’雷蒙德抬头看着喜鹊，点点头。他知道，这一只全身黑白的大花鸟是他的朋友。”

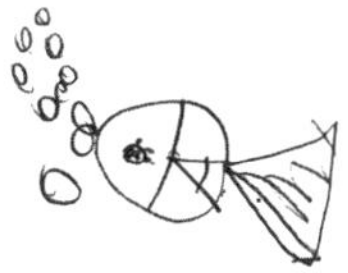

第二个星期我再去时，“他们把亚力克斯留在家里。”莉莲告诉我，“和小宝宝一起，亚力克斯的情绪还不稳定。他一直哭，家里人似乎做什么都不对。留在家也许是最好的方式了。”她的口气虽然轻松，眼神里却有一抹忧伤。“问题是，当玛蒂重返工作岗位时，他们需要一个地方能安置这两个宝贝，让他们在一起。”

为人父母，对帕里什太太来说，是不容易，看起来比母鹿带小鹿更难。上个星期，我们都想要逃离都市生活，去森林里旅行了。每天早晨我在森林里都会看见一只母鹿带着她那两只全身斑点的小鹿，到我们放盐的木箱边来，一路上吃着叶子。每隔几分钟，母鹿就停下来，低头舔一舔小鹿。我想起了亚力克斯和他的妈妈坐在有加厚软垫的椅子上，靠在教室窗边一起阅读的情景。在养育孩子及有关亲子分离的问题方面，母鹿与人比较起来，要做的决定，比较少吧。

“很难相信亚力克斯走了。”我告诉莉莲，“我一直都期待看到他跟着米迪亚到处走动，学着猫叫，粘着他。现在，没有人管米迪亚叫莫斯科了。想到这，心中觉得怪怪的。”

“我也这么觉得。”莉莲说，“实际上，是我建议亚力克斯留在家里一阵子的。两岁的孩子，当家里有小宝贝再出生时，要他离家来上学，年纪是小了一些。天啊，我们真是想念他呢！这些两岁的小小孩，绕圈子到处找他呢！”

在我这个客人看来，孩子们也许已经把亚力克斯忘记了。西蒙仍然用婴儿车推着布偶，告诉每一个人，“不要吵醒小宝宝”。拉马尔拿着木槌，找到松动的东西就用力捶。埃米丽，在纸黏土桌旁，注意研究着西德尼要怎样将一部车辗过一个大抱枕，而瓦莱丽蜷缩在康妮的怀里，手里捧着《逃家小兔》。然而，当斯图尔特坐在那张安杰拉用肥皂泡沫盖住的桌子边时，安杰拉很快将亚力克斯的名字说了出来：“那是亚力克斯的椅子！”她责备斯图尔特。

“是哦。”斯图尔特同意她的话，立刻跳了起来。这把椅子，看起来和教室里其他的椅子没什么两样，可是，孩子们认得出来亚力克斯坐的是哪一把。斯图尔特跑到书架边，找了很长一段时间，找出一本破旧不堪的《小红母鸡》，刻意不拿旁边那一本新的。他把书带着，去找莉莲。随着莉莲把书翻到第一页，“我自己选的。”他说。

斯图尔特开始学亚力克斯其他的行为。一有机会他就跟着莉莲走到大孩子的教室，坐在莉莲的怀里。他这样，也许是因为他的妈妈也快生产了。

第二天，我回到学校去拿我的毛衣，在停车场遇到了帕里什太太，亚力克斯和刚出生的小宝宝坐在车里。很显然，有些不对劲，亚力克斯稳稳地坐在车的座椅上，摇着头在哭，他妈妈正在努力安抚他。

“要我帮忙吗？”我将头探入车窗问道。我的突然现身，让亚力克斯大吃一惊，他停止了哭泣，然后又开始哭，而且哭得更大声，好像要将我的声音压过去。“我去叫塔利老师来好吗？”我建议。其实不必我去叫，莉莲已经从窗户望见我们，正走过来呢。

“亚力克斯，亲爱的，”她说，“过来看看米迪亚，和他打个招呼。你看，他在窗户那边向你挥手呢。”亚力克斯用毯子蒙住眼睛，把头转开。

帕里什太太勉强微笑一下：“我看我们最好还是离开吧。那样不好。”

“真抱歉，玛蒂，今晚给我打电话，好吗？拜拜，亚力克斯。我会到你家看你，很快就去，知道吗？”

上楼时，莉莲突然提出一个请求：“你明天来好吗？最多几个小时，现在太迟了，没办法找代课老师代这么短的时间，可以吗？薇薇安，我很不愿意强人所难，可是，我不能让亚力克斯对我们产生这种感觉。”

“我很乐意来。你去看看他，我想，那对他非常重要。”

“我觉得非常愧疚，你知道的。这一切对亚力克斯来说太突然了。而且，事后，我没有做什么努力去帮助他。我们好像是把他给抛弃了，不是吗？我们突然从他的生命中消失不见了。”

第二天早晨我到学校时，康妮和莫琳跟两岁的小小孩在一起，“莉莲请我来。”我解释，我知道她们知道我会来。可是，我还是觉得有些怪怪的。

“你来得正是时候，”康妮笑道，“安杰拉非常不舒服，你摇一摇她好吗？或是读本书给她听？她喜欢《晚安月亮》[1]（*Goodnight Moon*）。”

幸好，斯图尔特的妈妈决定整个上午都留下来，可能是因为她知道莉莲上午会有几个小时不在。或者，她单纯只是因为自己快生产了，想在最后一个月的孕期之前，多和斯图尔特在一起。

斯图尔特很乐意妈妈留下来陪他，在点心时间，他坐在妈妈的怀里。“我妈妈是露西尔。”他告诉安杰拉，但是，当安杰拉拿着椅子挤到他们旁边时，他又不高兴了，想要把她推开。“我妈妈。”他说，他妈妈在他耳边轻声说话。“好吧，妈妈，讲那个吧。”他同意。

“斯图尔特要我说林肯动物园里小长颈鹿的故事给他的小朋友们听。你们和塔利老师、康妮老师、莫琳老师一起去过

[1] 由玛格丽特·怀兹·布朗（Margaret Wise Brown）创作、克莱门特·赫德（Clement Hard）绘画的美国少儿读物，是广受欢迎的睡前故事。

的那个动物园，记得吗？是这样，我小时候，我家就住在那个动物园附近，隔几条街而已。我们每个星期六都去动物园，我去看小长脖子，我管小长颈鹿叫小长脖子。”

斯图尔特伸长脖子，下巴向前推，有几个小孩学他。安杰拉看到斯图尔特有了新的角色，觉得机会来了，于是再度靠近他妈妈一点，这一次，斯图尔特没有反对。“这只新生的小长脖子努力想要吃他妈妈的那棵树上的叶子，那棵树很高，他一直努力伸长脖子，可是，树枝实在太高了，离他太远了。我不断地问：‘他什么时候才会长大？’而我爸爸不断地告诉我：‘你要等一等，到时候你就知道了。’但是一次又一次，小长脖子仍然吃不到，我觉得很难过。”

“你哭了吗？”安杰拉问。

“没有，可是，我的脸看起来是这个样子。”孩子们学着她的表情，眉头深锁，她看了，忍不住笑起来。“后来，有一天，你们猜，发生了什么事？有人在长颈鹿的庭院种了一棵树，一棵小树，正好是小长脖子可以吃到的高度，就像他的父母可以吃到大树一样，他可以吃到小树的树叶，我鼓着掌大笑起来，很快乐。”

我们都和她一样，鼓掌，大笑，很快乐。这时，莉莲走了进来，牵着亚力克斯的手。瓦莱丽跑过去，推一推他：“挨着我。”她大叫着抓住他的手，把他拉到桌子边来，“亚力克斯的椅子，挨着我！”

其他的两岁小朋友也表现出满意愉快的样子。斯图尔特把《小红母鸡》拿给他的妈妈说：“这是亚力克斯的书。”接着埃米丽告诉亚力克斯，猫不肯帮忙。一切都没有变，他们说。你属于我们，我们属于你。

“亚力克斯要一块饼干，”安杰拉告诉斯图尔特的妈妈。“小长颈鹿要一块饼干。”大家好像都清楚地看到小长颈鹿成功吃到树叶与亚力克斯的回归之间的关联。

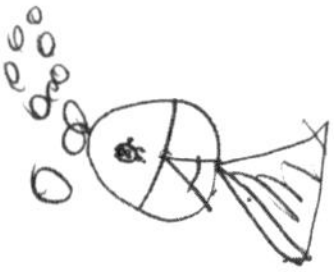

离开教室的途中，我听到一些熟悉的声音，那是一出正在上演的坏蛋剧，这令我心中充满怀旧之情。“坏蛋！我们要冲进你家！”“不行！你进不来，我们有铁窗！”对话的声音来自大小孩的教室，我决定进去瞧一瞧。

在我教学历史里的头十年，我通常只看到这种坏蛋幻想游戏的表面价值，只要一开始，立刻予以阻止。后来，随着我的好奇心增强，我开始明白，绝大部分坏蛋的幻想戏码都会有寻找情节的角色，而情节本身似乎是一个找寻演出规则的历程。从更深一层来看，要是戏进行得够长久的话，孩子们通常能够掌控那些缺乏勇气的非英雄角色，使故事继续发展下去。

在我看来，这是需要走入幼儿园或托儿所，才会发现的事实。幼儿园的小孩通常已经建立起他们的自我固定角色，我们不容易读懂他们的伪装。这些三岁、四岁的孩子刚刚开始玩这种戏，所以，我可以跟随着他们，和他们一起成长。

弗雷德里克是一个很好观察的小朋友。他讲述的是只有一个字的故事。他比亚力克斯大，所以他很快就从一字故事阶段毕业了，开始玩怪物、强盗和其他的坏蛋剧。接着他就发现，大一点的孩子，尤其是女生，对于入侵到娃娃角的坏蛋都有一些固定的认知与看法。

例如，当弗雷德里克告诉莫莉，他是一个强盗时，大一点的女生的反应都充满信心。“不要让他参加你的生日会，莫莉，”莉比说，她快五岁了，“他只是一个强盗。”

“是啊，我是一个强盗。”弗雷德里克承认自己强盗的身份，他这一承认，莉比，和西娅一样的人，说：“对不起，没办法，谁叫你是强盗，强盗是不能进到娃娃角的。”

“他可以是爸爸。”萨曼莎决定帮助弗雷德里克争取进入娃娃角的权利。坏蛋的冲突矛盾通常靠变更伪装这一权宜之计来解决。一般来说，即使需要老师的帮助，那也只是改变幻想而已。也就是说，令人不悦的故事会被比较能被接受的故事所取代。

一年之后，弗雷德里克自己开始发明规则来控制坏蛋。他的第一个宣言是:“坏蛋没有生日。他们没有名字，所以，他们没有生日。”“可是，你叫他骷髅头。”我提醒他。

“那是假名！”弗雷德里克解释。

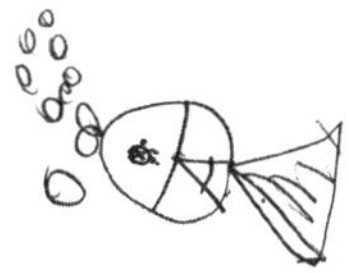

过了二十年之后的今天，在塔利老师的教室，我即将听到坏蛋与生日之间的关系的另一个版本。这真是娃娃角游戏里永恒不变的特质。

走进教室，我看见莉莲背对着冲突的现场，她专心地注视着米迪亚和德韦恩在玩跳棋。可是，我看得出来，她在倾听娃娃角的爆发。

“把你的食物和钱给我！”萨姆森和迈克大叫着，打翻了西娅的生日蛋糕。

“这不是食物，”西娅平静地说，“这是仙子皇后的杯子蛋糕。而且，你们不可以来参加。”

“为什么不可以？”萨姆森要求说明理由。

“因为坏人不能有蜡烛。”西娅说，“而且你们不可以吃公主的奶油。”她将一片一片的草插到瓦希位置上的模子里，问道：“你几岁？”

“我是刚刚生下来的小宝宝，”瓦希回答，“一根蜡烛。”

“我十岁。”迈克说，说着一屁股坐在桌子边。“我是坏蛋，我的意思是我十二岁，我们两个这么大了。”他捡起打翻在地板上的蛋糕，想办法要将蛋糕弄好。

“啦嗒啦，”西娅告诉他，“坏蛋不可能是你那么多岁。”

“为什么不可能？不公平！”

“因为他们不可以有蜡烛。”

“为什么？”

“因为他们没有年龄。而且，他们不可能是小宝宝。首先，你要做小宝宝，然后你说你几岁。”

没有人去怀疑她的逻辑。“你应该是猎人，”她告诉他们，“或是王子。”

“我们是超级猎人。”迈克说，萨姆森补充了一句：“他们是好人。”

“好,超级猎人。这里有十根蜡烛。”西娅一根一根地数着，然后又多插了四根，“现在你是最大的。超级猎人永远都是年纪最大的。”

娃娃角又平静下来了。一个故事刚刚完成，暂时来说，每个人都对自己演的角色感到满意。

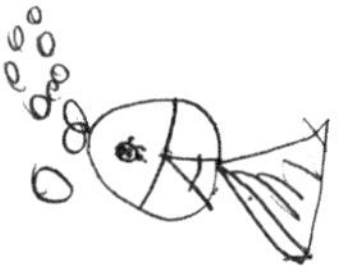

戏幕改变得很快。在我得知亚力克斯凯旋的结局之前，或是娃娃角那些超级猎人令人不安的未来到底如何之前，我已经飞到亚利桑那州的公立学校了。我是来示范说故事及故事演出的，莉莲和我都认为，说故事及故事的演出是引人入胜并非常有益的事，可是，在做示范的情况下，我心中总是波涛汹涌，充满怀疑。在这么短暂的时间中，我怎么可能有效地描述这种剧场活动对教室的影响呢？

太阳很大，早餐之前，我走到旅馆附近的公园。在工作坊或演讲开始之前，为了让脑子清晰，以前我会去慢跑三英里，现在我用快步走来代替慢跑，很不错。今天，我需要清楚的思考，坐飞机使我的思维混乱而无趣，而且，我知道，我的日程太紧凑了。

我有两个教室要拜访：一个是幼儿园，另一个是一、二年级的混龄班级。接下来是与老师们讨论的时间，每一个教学示范要四十五分钟。我已经习惯了莉莲教室的闲散步调，在这么短的时间内，似乎不太可能达成什么目的。谈论说故事及故事的演出，势必会侵占掉实际操作的时间。

要是没有时间让每一个孩子在亚力克斯的妈妈故事里演出的话，情况会是怎么样呢？只要一想到那些美好的经验，我就想开怀大笑，回想起第一次拜访莉莲·塔利老师那到处都是两岁小孩的教室时，我的心情立刻好了起来。

一只紫色的雀鸟飞了过来，栖在附近橘子树的枝头上。“大老远跑来，”我向小鸟抱怨，“只为了匆匆忙忙、潦潦草草地把过程做一遍。”

小雀鸟从一个枝头跳到另一个枝头，小翅膀轻轻抖动，啄一啄橘子。“只有那么一点时间，你知道的，每个故事就只能提那么一下下。”紫色小雀鸟朝我的方向叫了四个音符，在我听来的意思是：“不必忧烦，船到桥头自然直。”

上一次我和鸟讲话是在加拿大的一个广场，我是在那里初次结识喜鹊的。我继续急走，走过几棵橘子树，走过夹竹桃丛，走过几丛结了梨形果实的霸王树和巨大的仙人掌树，它们都在等待我开始讲我的故事。“从前，有一个急躁的国王，他派他最喜爱的紫色雀鸟去找最完美的橘子。”我大声地在荒芜的公园里开讲。清晨时刻，附近没有人会注意一位满头灰白的老太太，对着仙人掌说话。

前面，有鸭子和鹅群聚集在一个池塘的角落，就像一群小孩聚在操场的某一个位置玩耍。“散开来，你们怎么不散开呢？”我想大叫，“你们有整个世界可以畅游啊！”

一只巨大的白色苍鹭独自站在池塘的那一边。看见我走近了，它慢慢滑入水里去，向上凝视，彰显出皇室的高贵庄严。“对不起，国王陛下，你看见我的朋友了吗？一只紫色的雀鸟，他在寻找完美的橘子。”

我继续往前走，更靠近了，这只高雅的禽鸟姿态优雅地展翅飞起，落在附近的一块圆木上头，并且发出“嘎”的一声，很简短，和他的身份并不相称。那些鸭子和鹅，像是听到了指令一般，开始朝那苍鹭游过去，绕着那块圆木活动。

“快快，孩子们，找好你们的位子，我们的时间紧迫，”苍鹭下令，“我要讲个故事给你们听。从前有一只紫色的雀鸟，从一棵树飞到另外一棵树，到处去找最甜的橘子，要给国王当早餐。”我觉得自己和那只苍鹭以及他那一群羽毛蓬松的学生们步调一致。我的幻想已经蓄势待发、准备好面对这一天的工作了。

回到旅馆，我想出了一个摆脱日程窘境的方式，至少可以节省十五分钟。要是孩子们和我一开始就在地毯上，而且一直留在那里，我们就可以省去在地毯与桌子之间移来移去的时间。

可是，在故事桌旁，老师与学生之间那种亲密的时刻呢？阿利格拉能够在全班同学面前说她的“没有人注意到”的故事吗？西娅会那么快看出阿利格拉和书中女孩之间的关联吗？我们不会因为要省点时间而牺牲太大吗？然而，在现实的环境中，节省时间的需求，却是大多数老师要面对的。

我继续在心中探索这些问题，从早餐时间一直到快走进教室的门之前，都没有间断过。可是，当我一踏进幼儿园时，我的信心就回来了。这些孩子我认识，他们和莉莲的小孩，或是我以前教室里的小孩，没有差别。他们会随机应变，有能力应付任何状况。将一个特殊的意象放进故事形式的需要，不必仅仅依赖某一种做故事的特别方式。更进一步说，将一个人的故事演出来所获得的快乐，会克服羞怯、语言上的障碍、不成熟及不满。事实上，一个人需要在大家互相尊重，人人彼此注意的架构中说出自己的故事，而前面这些问题的出现，使得这种需要更迫切。

这些想法是莉莲和我时常思索的，在这些想法的指示与引导之下，我透过幼儿园的窗户，凝视着远处的山峦。阳光照射着，远山山顶的颜色，从粉红渐渐变成紫色，很像是西娅和阿利格拉在调着他们的彩虹颜色，而且，我仿佛看见迈克的兔子，豪情万丈地在努力往上爬，我心中所有的怀疑一下子消失得无影无踪。讲故事的时间成熟了。

“有一个小男孩名叫迈克，他说了一个山的故事。”我说。

“我们也有迈克！”孩子们告诉我，指向一个原住民小孩。

“嗨，迈克。你要听另外一个迈克说的故事吗？而且，我说完故事之后，你可以帮我们将故事演出来。‘从前，有一只兔子，他不知道山是什么。所以，他去找山。他找到山了。可是，山很高，他跌了下来。他爬起来，再去爬山，往上爬，往上爬，还是跌下来。后来，有一个高大的男人出现，那是他爸爸，他把兔子背上了山。'"

我把手中的纸片拿给他们看，那是我刚刚念的，以前草草记录的迈克的原版故事。"要是有人等一下说故事，我会很高兴替你们记录下来，像我记迈克的故事那样。可是，现在，我们先将迈克的故事演出来。有人可以当兔子，有人可以当兔子爸爸，我们其他的人，把双臂高高举起，我们演山。"

当我们放下手臂时，有几只手臂立刻又举了起来，对着我挥动。很奇怪，这些小孩随时随地、转身转头都可以看到山，却没有山的故事要说。他们说的都是他们的朋友在公园玩，去参加嘉年华。第二个故事说的是一个买糖果的人，接下来的故事都差不多。很显然，当全班都注意听每一个被说出来的故事时，结果是会出现许多相互抄袭的情况的。

我心里想，稍后一定会有人提出这个问题，我看看靠墙坐着的老师们。也许，我要告诉他们莉莲说的一些话，那就是：这是集体开始建立的方式，而且，友谊也会因此增强。这时我想到：我怎么这么喜欢引述莉莲的话呢？这个想法使我自己笑起来。

我突然想要说我自己的故事，所以，我就说了。“今天一大早，我看见一只苍鹭。它站在池塘中央的一块圆木上大叫一声。接着，有趣的事发生了，池塘里所有的鸭子和鹅都朝苍鹭游了过去，绕着那块圆木头围成了一圈。它们那个样子，在我看来，就像是苍鹭说了一个故事，它们正准备要演出一样。”

一个名叫玛丽亚的女孩举手说：“我可以说一个故事吗？有一个小女孩，她有一颗牙松动了。她有一个爸爸和一个妈妈。她的牙掉了。然后，牙仙子来了。”

没有人觉得惊讶，接下来的三个故事，都是关于掉牙的故事。“一个小女孩，有好多颗牙松动了。”最后一个说故事的孩子说，“所以，她把牙齿全都拔掉，换上新牙。”

“把它们全都拔掉？”我问。

她点头说：“用一个槌子。”

后来有人告诉我，这个急切的拔牙人，是一个害羞的孩子，平常在班上很少讲话。我对老师们说，当故事被演出时，这种情形是常常会有的，他们似乎不相信，他们有所怀疑。“你们自己以后会发现的，”我说，“教室里的每一件事都带着‘地方色彩’，这你们都是知道的。教室的剧场也是如此。如果你们做故事，你们做的都会不一样，用不一样的方式做，也会有不同的发现。但是，其中有一件事，你们一定会发现：如果孩子们知道他们说的故事会被演出来，他们说故事的动力就会很强。”

“这么说来，”一位旁听的人咧嘴一笑，评论道，“我建议你要为下面一组孩子好好准备一下了，他们是一年级和二年级的。我想朱莉娅会同意我的看法，那些小孩可能会给你带来一些问题。”没有人比朱莉娅笑得更大声，她是那些小孩的老师：“这还要你来说吗？”

我又想要引述莉莲的话，更精确地说，是引述她爷爷的话。“说故事有趣的是，你永远无法预料它会怎样从某个人身上弹出来。不过，它会一直弹跳，时候一到，自然会着陆，在那生根发芽。所以，如果第一次没有弹出来，不必担心，它会再来的。”

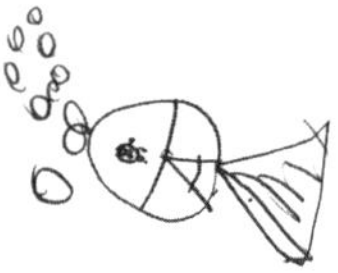

不出所料，大一点那个班的小孩，一开始就畏缩了。我用幼儿园里常常用的一个故事做示范，但是，孩子们似乎对做出承诺很小心谨慎。我被他们的老师提醒过，我会遇到孩子们的抗拒，或许是我过于努力了——这和莉莲以及我接下来要讲的“妈妈故事”恰好相反。

“有个两岁的小孩名叫亚力克斯，”我说，“他说了一个只有两个字的故事，你们可以想象一个故事只有两个字吗？他的整个故事是‘妈妈’。”孩子们互相微笑，心领神会的感觉在地毯上渐渐散开了。

“接下来使我惊讶的是，其他两岁的小孩，每一个都想到地毯的中间演‘妈妈’，他们都要做一次妈妈。”每一次我说出“妈妈”两个字，就会出现一种温和、柔和的气氛。举手的都是女生，她们已经准备好要说故事了。

“从前，有一个小女孩，她想要一只小猫。所以，她到宠物店，抱了一只小猫。然后，她走到外面，和猫玩。”安娜给了我们一个可靠的娃娃角的幻想故事，脚步离开妈妈故事一点点，其他的女生都热切跟着要说类似的故事。她们不认为那种情节太幼稚。

一个接着一个，我们听女生们讲她们的宠物故事，也有讲宠物找主人的故事，当然，结局找到的都是一个孤单寂寞的小女生。男生答应演动物角色，或是宠物店的老板，可是，他们自己不讲故事。女生们的故事快速地开始进行，可能为这项活动贴上了女性的标签。

要是说故事的部分在故事桌举行，没有在众目睽睽之下进行，情况大概会不一样。当孩子们每天都做故事时，男生们是最热情的参与者。他们能够将他们的戏剧意象放到更正式的表演里，这是他们最大的收获，那是他们的戏，但却往往因为被指责过于吵闹或激烈而使他们感到沮丧。

总之，我坐着等待，过了十五分钟，没有一只手举起来。我决定转换到开始讨论戏的本身。我问道：当同班同学中有某一个人被排除在演出的行列之外，怎么办？我告诉大家，我的幼儿园建立的规定是“不可以说：‘你不能玩！’”这句话一说出来，男生们立刻有所反应。

“有一个小孩，”杰里米幸灾乐祸地说，“只要他一出现，就有其他的某一些人，我想，连女生也一样，骂他，取笑他，他只好走开。”我很少和一群我不认识的小朋友一起，如此迅速地掌握一则未完结的故事的要点。“这个孩子”发生了什么，显然是一个有待继续的故事，不过，孩子们却很小心，刻意不泄露受害者的身份。

“他也骂人。”有人说。

“呜——呼——”杰里米做出总结，“不可能。他只是哭，老师告诉我们不要刻薄，我是说，老师告诉某些人不要刻薄。”

朱莉娅对着她的学生微笑，鼓励他们发言，但是，故事似乎结束了。孩子们站起来排队去上体育课，大人则移到另外一个房间喝咖啡聊天。

“我明白你的心情，”我们坐稳之后，一位老师说，“因为不知道后来发生了什么。首先，女生们说出那些甜蜜蜜的故事，然后，男生们却正好相反。当然，男生们那不是一个故事，而是一个讨论。”她转向茱莉亚，“你有没有再去想那一次在操场上发生的事呢？”

“没有，事后我再也没去想它，但是，我同意你的看法，弗雷达。那和女生的故事完全不一样，男生的故事会像这样：‘从前，有一个男孩，到宠物店，告诉那些小猫咪，我不要你！’没有任何一个小孩会将这样一个故事写下来，可是，我在操场上看到很多这种行为。”

“我们得正视这个问题，”另外一个老师说，“我们都以为事情已经解决了，很显然，实际上并没有解决。你看，他们每一个人都觉得很内疚，甚至没有人提杰德的名字。”

谈论的主题已经不再是说故事及故事演出。这里呈现出来的是另外一种故事，但是，没有人准备进一步去推进，老师与学生都没有。

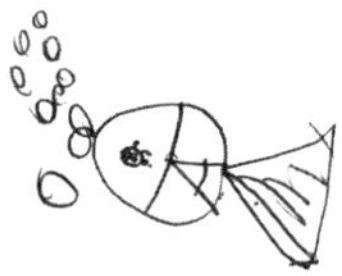

第二天，我在同一个教室，重复前一天做的过程。做过一天之后，这种新式的做故事的方式，我已经觉得驾轻就熟，自然得很了；旧的方式，现在觉得很僵化。和前一天一样，幼儿园的孩子不需要我们去鼓励他们说故事，他们的故事，现在添加了一些复杂的情节。有一个是，一个小弟弟想买糖，但是大人不答应，另外一个是，车子爆胎了，旅行暂时受到影响。还有，有个玩具不见了，有人的膝盖受伤流血了，但是，在下面的一句话里，所有这些问题就完全解决了。小弟弟得到姐姐给他的糖果，轮胎修好了，消失的东西找到了，受伤的膝盖包扎好了。对我而言，今天的故事中最有趣的是，故事念到后来，角色愈来愈多，到了最后，在珍妮的生日会上，每个人都挤上台了。

后来，幼儿园的老师为这段时间做了总结。“流行起来后——愈来愈多的同学参加。你知道，有的时候，有那么一个小孩会四下观察，然后意识到他发起的一个活动，大家都喜欢，变得流行起来了。那是很棒的感觉，我们不禁要想，这到底是怎么一回事呢？你看，就拿珍妮做例子好了，她通常只跟一个朋友玩，不喜欢很多人一起玩。现在，她在这里做故事，有意把大家全部邀请进去。所以，这到底是怎么一回事呢？”

“是控制的问题，”一位三年级的老师下判断说，“你可以将这些轻松开放的感觉释放出来，放下防卫之心，因为，在这个活动里，有外在的控制，它平等公正地适用于每一个人。没有人会打压你的努力。”

“所以，它像是假装吗？”校长发问，“在故事中你可以变成真正的自己，变成你想要做的人，而且当它演出时，你可以说，你只是在假装。”

在这里没必要再引述莉莲的话了。这些亚利桑那的同事们，他们说出的话就够好了，可供引述。

当走进一、二年级的教室时，我们有了一种更高的期望。有一位小小的金头发男孩看见我之后跳了起来，在别人都还来不及被点到之前就抢先说话了。“有一个男孩！”他大声说，“这个男孩要交一个朋友。但是，没有人要做他的朋友。后来，有另外一个男孩，他没有朋友。所以，他们两个人变成了朋友，他们整天一起玩。”

“那个男孩是你吗？杰德？”塞雷娜问。她的声音温和，充满同情，但是，杰德转过头，不看她。“不是，那不是我。那是别的地方的另外一个男孩。”

全班安静下来，看着我把杰德说的话记录在我的簿子上。接着，有六只手举起来。“我先，”胡安说，“我可以开始说吗？”我点头，他开始。

“有一个男孩，他一个朋友也没有。”一个很严肃的关联即将出现。它就发生在我们脚下的地毯上，在这里，每一个人都可以同时清楚地听到说出来的每一句话，这感觉就像西娅对“没有人注意”的故事的反应一样亲切。

“这个男孩自己用乐高做了一个大大的老机器人。然后，来了一个怪物，他们开始打架。他们打了又打，最后，机器人赢了。大家都喜欢机器人，大家也喜欢这个男孩，因为那个机器人是他做的，他们看不出他是怎么做的。所以，他就做给他们看，他们就成了朋友。”

稍后，老师们和我将会一致同意，在教室里，当每一个人同时漂浮在同一朵云上时，真是一个神奇的时刻。孩子们也不会对刚刚发生的事表示怀疑。一个同学表明了他的痛苦，另外一个同学伸手安慰他，孩子们知道，我们也知道，这是我们在教室里应该要做的。但是，有时候，必须通过故事来解释，我们才能看清它的本来面貌。经过漫长的探索，最后才会找到捷径。

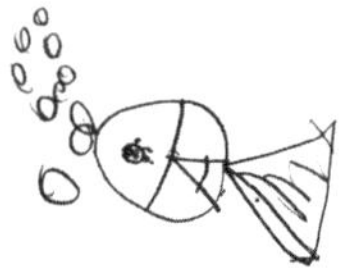

我回来那一天，莉莲迟到了。“你去哪里了，塔利老师？”迈克问，他跑到楼梯口迎接她。“我们吃过午餐了，而且，我做了一个故事，故事里有直升机！”

“迈克，对不起，可是，我必须去看牙医。”她张开嘴巴，让他看看拔掉牙后的空缺。“牙医拔掉了我的一个牙齿，很痛。太可惜了，我错过了你的直升机。”

“兔子跑到直升机里去了。”

“飞过山顶了吗？”

迈克摇摇头。“他还看不出山在哪里。让我再看看你嘴里的那个洞好吗？”

“可怜的兔子，”莉莲说，“总有一天……”

“他会爬上山。”瓦希完成了这句话。

我只离开一个星期，塔利老师教室里的世界，就有了重要的改变。兔子正在尝试新的方法解决他的问题，而瓦希已经爬上她自己的山了。

在亚利桑那的学校也是如此。在两天内，孩子们就能将他们自己及他们的集体呈现出来让我看。注定我是要成为未完成的梦及戏剧的收集者。杰德后来发生了什么？我连他是一年级还是二年级都不知道呢！不过，这一点似乎不重要。胡安的机器人故事会成形并有充分发展吗？这是我最想知道的。我没办法将杰德和那个在故事里做出机器人把怪物打败的男孩分离开来。

“你没有让我看你牙齿上的洞，塔利老师。”乔丹说，他的手指指着自己的嘴巴，“它会长出新的牙吗？”

“你的会，亲爱的，可是，我的不会。我太老了，不会再长新牙了。不过，牙医会做个假牙给我，和新长的一样好。”

另外几个孩子过来围着莉莲，要看她的嘴，每个人都是一脸担心的样子。

“这使我想起了爷爷严重的牙痛病。哦，天哪，他一直走来走去呻吟着叫痛。奶奶让他去找安布罗斯医生看一看，可是爷爷说他太忙。

“所以，他只是一直不停地在呻吟、抱怨。‘噢、哇’地叫，家畜栏里的动物也学他，‘哞——噢——’是母牛米兰达在叫，‘哼——哼——’是小猪埃利在叫，奶奶的黄色金丝雀的歌都变调了，而金鱼贝拉则躲藏了起来。最后爷爷说：‘好吧，好吧，我现在就去找安布罗斯医生！’而且他真的去了。回来后，他笑开了，‘真不知道你们大家为什么这么大惊小怪。我要装一个很棒的新牙。’”

莉莲应乔丹的要求，张开嘴再让他看一次那个空缺的地方，而且她也要求看他的。幼儿园的孩子比起一二年级的孩子，牙齿松动的情况会比较少一些。乔丹、西娅和米迪亚各掉了一个牙，而且西娅的那颗恒牙，已经长出一半来了。

“你可以从牙仙子那里获得一个新牙。”西娅告诉莉莲。然后转向我，问我知不知道有牙仙子。

“我听过很多牙仙子的故事。”我说，“其实，就在上个星期，有些幼儿园的孩子，还说了一个牙仙子的故事让我们演呢。”

“讲给我听，好吗？”西娅催促我。

我翻开笔记本，就是我去亚利桑那用的那一本。“在这里，‘从前，有一个小女孩，她的牙齿松动了。她有一个妈妈和一个爸爸。她的牙齿掉了。然后，牙仙子来了。’”

西娅来检查我的笔记本，好像她是第一次意识到我在上面写了什么似的，“我的故事在这里面吗？”她问。

“西娅，我这里有几个你的故事。”我刚要翻出来给她看，她却问了另一个问题：“你跟那些孩子说喜鹊的故事了吗？”

“那时没有时间讲喜鹊。但是，今天可能有时间讲。塔利老师要我把我的故事留到快放学时再讲。在那个时候讲，每个人就都会听到喜鹊和尼尔女士的故事了。”

“你能先只讲一点点给我听吗？”

“我还没有把故事想好，西娅，但是，我很清楚的是，蛋还没有孵出来。”我注意到阿利格拉在地板上摊开一大张报纸，她在上面画画。“可能连尼尔女士和喜鹊自己都没有想到，今天放学时，我就会把整个故事都想出来。”

“你在编故事吗？”

“是啊！我是在编故事，就像你一样。”

“喜鹊不是真的吗？”

“不是。不过，在我心里，喜鹊是真的。”

“哦。”

当最后一块积木放回到架子上，所有的废纸片都被回收到墙角的篮子里时，我们全聚在地毯上。我开始说故事：“让我回想一下，上一次讲到哪里了。”不过，孩子们很快就告诉了我。

“五个蛋……”

“蛋上有黄色的斑点……”

“蛋在鸟巢里。”

“对了，学校的女校长带着小朋友去看巢里的五个蛋。就在他们看蛋时，你猜谁来了？慢慢走过来，很慢很慢，双手捧着什么容易打碎的东西。是比阿特丽克斯，喜鹊的朋友。”

“一个魔女。”德韦恩提醒大家。

“对，是魔女。喜鹊觉得好奇，她为什么走得那么慢。比阿特丽克斯通常不管到哪里去都是跑着的。她一定是捧着非常重要的东西，他想。

"'喜鹊！尼尔女士！你们看，我发现的东西！'比阿特丽克斯说，'我非常肯定，这是紫朱雀的一颗蛋，我到处找它的巢，但是找不到，一定是昨天晚上的大风雨，把它吹丢了。'

"喜鹊和尼尔女士注视着比阿特丽克斯手中的蛋。这颗蛋比喜鹊的蛋小得多。'你想把它放在我们的巢里吗？'尼尔女士说，'我们可以孵它。'

"比阿特丽克斯微笑着说：'我原先也这么希望呢！'

"尼尔女士抬起翅膀。'把蛋放在这里，比阿特丽克斯，我们就像你收养喜鹊一样，收养这只小紫朱雀。'尼尔女士小心翼翼地移动了一颗蛋，空出一个位置给新来的蛋。'这个位置很棒，给他。'"

"或是她。"西娅说。

"对，或是她。尼尔女士还不知道蛋里是男孩还是女孩。"

"是女孩，"阿利格拉说，"他们想要收养一个女孩。"

"你可能是对的，阿利格拉。"

"她是一只黄色金丝雀吗？"德韦恩问。最新来的这个兄弟姐妹实际上和那只黄色金丝雀同属金翅雀家族。

"这种鸟很像塔利老师奶奶的黄色金丝雀，只是颜色不同，它是紫色的。”我告诉德韦恩，“我在亚利桑那亲眼看到过一只朱雀鸟，就在上个星期。带点鲜红的紫色，就像阿利格拉把蓝与红调在一起时的样子。”

“可是，尼尔女士是一只母鸟，对吗？”德韦恩咬住一些细节不放，还强加上他自己想象的细节。“X 光人要听。”他说着，把 X 光人放在我的膝盖上，“他是男孩。他是好人。”

阿利格拉突然出现在我旁边。接着孩子们一个接一个地都来了，包围住我们，我又再次体验到在孩子们的教室里说故事的感觉。在短暂的时间里，我们一起走着，沿着小路，走过每棵树，走过鸟巢和小鸟，气氛很好。

“新的蛋是什么颜色？”西娅问。

“淡粉红色和深粉红色。”阿利格拉平静地说，她说的，没有人不赞成。

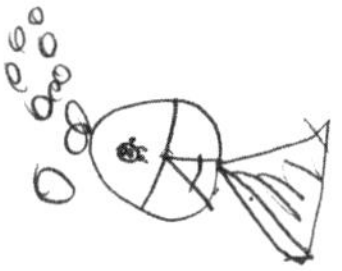

在我第二次去参加夜间会议时，有几个家长打招呼时能叫出我的名字。他们知道我是塔利老师的朋友，一个退休的老师,来听孩子们的故事。我没想到,亚力克斯的妈妈也来了，“蛋孵出来了吗？”她问，看到我的表情时，她大笑起来。

“米迪亚说了你的故事给我们听，”她解释，“我开始临时照顾他了。先是他到我家来玩，然后就正式让我照看了。他们周末需要工作时,得有人照顾小孩,而我需要钱。而且当然，亚力克斯也想要和他的朋友莫斯科在一起。”

几分钟之后，我才把她的消息消化和理解，可是，我的好奇心却没得到满足。“我还在想，你为什么会来参加这个会议？”我承认，“你之前不是计划要把亚力克斯和他妹妹转到别的学校去吗？”

“我妈妈劝我不要那样，”玛蒂说，“埃莉萨不是一个安静的婴儿。她需要经常有人抱她，和她玩，我们都看得出来。没有任何一家托儿所能提供这种照顾。埃莉萨必须和我一起，我们分不开。所以，塔利老师有了个想法。她请我来带两岁的小班生，我可以把埃莉萨带过来。两个星期之后，我就可以来上班了。这期间我也在照顾斯图尔特一家。”

“这真是个很好的安排，”我说，“塔利老师能请到你真是幸运。”

“我才幸运呢，”玛蒂回答，“你认识带两岁那一班的莫琳吗？她要离职了，她并不想走，可是，她需要赚多点钱。托儿所老师的薪水不够，可是，对我而言，是够了。等埃莉萨大一点，夜里能睡整夜时，我要回学校去读书。约翰晚上在家，可以照顾孩子。”

伯尼一来到，会议就开始了。他是今晚的主讲者。几件事宣布之后，莉莲介绍了今晚讨论的主题。题目印在学校的内部通讯栏上，似乎是对她目的的一种深刻而独到的表述：“为你的孩子上五年级做准备。”

莉莲首先说：“你们有些人大概觉得奇怪，怎么会在我们的讨论主题里提到五年级。有人甚至还对我说，我们不是应该为他们上幼儿园做准备吗？你们担心自己的孩子还没准备好上幼儿园，而我现在却请伯尼来谈五年级。”

有几个人迟到了，莉莲等他们找到椅子坐好。“我必须告诉你们，让我很烦恼的是，我们都非常担心孩子上幼儿园的事，但就目前而言，我们还得为孩子上一年级担心。这其实不是你们的错，完全是学校的错。好吧，伯尼教小学，从一年级到五年级都教过，他知道这种情况由来已久，年年都有，这种不断加速的压力，从上到下，一层一层，向下甚至推到了幼儿园。”

空气中飘着听众的期待，比谈论处罚时更浓郁。我觉得，父母们对这个问题更不知所措，更加担心。莉莲邀请大家发言，但没有人回应，于是她继续说下去。

“现在，我得承认，我对这个问题有偏见。当我们五岁时，我的兄弟和我都还没上学。在我们那个小镇，学校是从一年级开始的，不只是穷人家的孩子这样，而是大家都这样。你要留在家里，直到六岁才去上学。而且，没有人在担心，孩子是不是准备好上一年级了。这是一个全新的观念，朋友们，即便是在芝加哥这里也一样，佩利老师也是一直在家玩到六岁才上一年级。哦，乔治，你好像有话要说。”

“是的，我想我是有话要说。”一个身材高大的男人站了起来，看着其他人。我从他的名牌上看出来，他是斯图尔特的爸爸。“我妈妈告诉过我们同样的话，那时我们正准备送斯图尔特上幼儿园。她叫我们不要担心。她记得送我姐姐去上学时，是克利夫兰的一年级，老师在黑板上写了字母 A。一年级才教字母！可是，我告诉我妈妈，现在是现在，时代不同了。”

乔治停下来，擦擦脸，大口喝完一杯水。“现在不一样。小孩上一年级之前，就被期望要会所有的字母和数字，而且要会念，也要认识很多字。要是你的孩子还没办法做到这些，他们就大惊小怪，开始请‘特殊教育’的老师来，或是其他什么的。”他突然坐了下来，接着又补充道：“所以，别说从前怎么样怎么样，那于事无补。”

莉莲面色凝重，点了点头。“我知道。乔治是对的。一年级的老师期待你的孩子开学时能带来一份写作作品集，在阅读上有一个大的飞跃。”她神情严肃，“请相信我，他们宁愿不这样教小孩。他们知道，给孩子这么大的压力是不对的，可是，他们被制度给卡住了。所以，我们被迫停下了在学前及幼儿园里应该和孩子们做的事，转而去教他们知识。”

另外一个爸爸笑了。“塔利老师，谁能强迫你做你不喜欢做的事呢？请告诉我，我想见见他。”整个教室的气氛一下子轻松了起来，伯尼站起来开始说话。

“看得出来，你认识我太太。”他说，神情愉悦，然后立刻进入主题，“好，你们提到了一年级老师担心的事，但我要告诉你们五年级老师在说些什么。到了五年级，大部分孩子已经很好地学会了独立阅读与写作，也许还需要我们老师的鼓励与偶然的一些额外帮助。而最使我们担心的是这些孩子对待彼此的方式。他们不像在学前时那样，能和谐地玩在一起了。”

伯尼停顿了一下，以便让他的话能被大家充分理解。我很少看到父母们那么专心注意着演讲的人。“有时候我想，‘在一起、合群’（together）这个观念好像飘逝不见了，取而代之的是‘分开的、分离’（separate）。学生们不再接受彼此在功课上是平等的伙伴，也不再像你们的小朋友那样玩耍。我们学校的老师，早在孩子们一年级时就看到了这种改变，这让我们非常担心。我们必须问问自己，这其中至少有一部分是我们在孩子身上施加的压力造成的吗？或许是我们开始在精神上、心灵上把孩子们分离开的？”

我现在所能想到的就是，这是一段多么激励人心的话呀！要是有更多的老师在教师的会议上站起来说出这种话，该有多好！伯尼没有停下来，他继续说下去。

“我们五年级的学生，在彼此尊重对方的意见与故事，同情别人的困难，帮助他人成功方面做得并不是太好。你们知道我跟我的同事说什么了吗？我谈到我太太的学校，我谈到你们的孩子如何学习彼此注意倾听，而且尝试去了解别人的想法。”

伯尼在讲话时，莉莲目不转睛地注视着他的脸。好像她从来没有听过他的演讲一样，一个字也不愿意漏掉。“我告诉我的同事，莉莲能够把友谊与文学结合起来，把友谊与孩子学的、做的一切都结合在一起。结果怎么样你们知道吗？有好几个老师来这里看过，有些人回去之后想要在他们自己的班上采用这种方式，一种将大一点的小孩再聚起来的方式，所有人都朝着同一个方向前进。”

亚力克斯的妈妈举起了手。“我是玛蒂·帕里什，”她说，“我的孩子亚力克斯在两岁的班，我常常来学校，所以，我看到了塔利老师说的所有这些：小孩怎么去学习彼此倾听，如果有人行为独特、古怪时，没有人去反对。我看到了塔利老师是怎么做的，孩子们，即使是两岁的孩子，都好喜欢来这里，而且……”

最后一句话没讲完，她就坐了下来，她的双手颤抖，玛蒂不习惯公开讲话，但是她急切地想要传播她的讯息，这种热情将她变成了一个强而有力的演讲人，充满信心。尽管如此，当下一个说话的人开始介绍自己时，她才一下子觉得轻松了。

“我是莫妮克，谢利的妈妈。我同意玛蒂说的，可是，我仍然担心，而且我只担心学业。我的女儿九月就要开始上幼儿园，可是，我们看她好像还没准备好。她只想要我们跟她玩，读书给她听，和她一同演出她的小故事。”

莉莲笑了：“所以，我们把她教得不错嘛！对不起，莫妮克，我忍不住开个玩笑。请继续说下去。”

“不，你说得完全对，你是把她教得很好，就因为这些，她喜欢学校。这方面我们看得很清楚。但是，如果我们想要引起她对别的东西的兴趣，就一点办法都没有了。例如练习数数，练习字母或发音，你知道的。总之，到了后来，我们累了，她也很累。”

莫妮克一坐下来，坐在她身边的达琳就表示支持她的主张：“我们的情况也是如此，德韦恩在这里觉得很安全，很成功，但是，他对我们买的练习册一点兴趣也没有。他会在上色的练习册上涂涂颜色。其他的，就不肯做了。可能是我们引导的方式不对，在学校里，他不会那么消极啊。”

莉莲向发言的人道谢，谢谢她们将练习册的问题提出来。“我不会忽视你们关心的东西，”她说，“你们都听我说过，我们这里做的是幼儿教育中真正的学业：语言、理性的思考、良好的游戏以及对故事的热爱。不过，我确实知道你们有多担心那些更正式的教育活动，比如那些你们在买来的练习册上找到的东西。那看起来比较像学校。”

在我的印象中，当场大多数的父母都站在莫妮克和达琳那一边，可是，莉莲没有表现出任何不安。“可以啊！那就让我们来试试做一些那种东西，有什么不好？这样好了，我们特别为这事开个会议做个计划，请你们将家里的练习册带来。不，这样好了，最好是你们送小孩来时带来，我复印一些。然后，下次会议时，我们来做一课的内容，就像我们在学校里做的那样，你们可以提出你们的想法。然后，我们就可以……呃……”

“意见一致。”伯尼帮了她一下。很显然，父母们大大松了一口气，他们没想到莉莲会欣然接受他们练习册的难题，因为这个学校根本不用。我本来可以告诉他们，莉莲的教育方法，是传统教育的最好的进步，但是，她接纳他们的观念和想法的意愿，远远超过任何一个带标签的教育方法或实践。这来自于她本身开放的思想以及对不同意见的邀约及欣赏。

伯尼再度主导会议。“最后一件事。我要告诉你们，你们的孩子带回家的这些小书，那是我教的五年级学生做的，这个活动对我的学生们有很重大的影响。”

有几个父母大声说出他们的感谢之意。“你们做给罗莎的那本书，我们全家都很喜欢。”一个女人说，“告诉那个名叫丽贝卡的女生，我们要向她道谢，请告诉她好吗？她是怎么做出来的？”

伯尼很高兴：“我告诉你是怎么做出来的。首先，我先给我的学生介绍一些关于那个孩子的实际情况，比如罗莎，无论走到哪都会拖着一个女士钱包，她戴着一顶圆点花纹的帽子；然后，我的某一位学生，在这个例子里，就是丽贝卡，说她要做那本书。决定了之后，我会再告诉她另外一些事情，那就是罗莎喜欢把布娃娃放在娃娃车里，载她去散步。所以，丽贝卡就画出一个小女孩戴着一顶帽子，拿着一个大大的钱包，她还画了一个小宝宝。而且，她在每一页上，都写上几句话。”

罗莎的妈妈，从她的手提包里拿出那本书：“我带出来了。你们听一听。‘罗莎是妈妈。罗莎去散步。罗莎和小宝宝玩。’”这本书在教室里传来传去，大家都很欣赏。当书传到阿伦的爸爸手中时，他站起来，把书高举起来。

“我们家也得到一本这种书。是一个名叫拉里的男生做的，关于阿伦和他爷爷的狗梭罗的故事。你们没有办法想象这对我爸爸来说有多么重要。请你转达我们对他的感激，好吗？”

我想起了阿伦和萨姆森为了一辆车打架的情景。他们的情绪在聆听莉莲讲的故事时，被平和的牛棚所平复。那里的牛奶是甜的，小动物不会受到威胁。要是莉莲描述那些情况与氛围给这些父母聆听、欣赏，这些父母亲可能更能理解她为什么很少去搞“B is for ball”一类的字母教学。

话又说回来，伯尼的这些小书，以某些微妙的形式代表了每一个孩子的故事，它们被阅读、被携带、被表演，从而进一步解释了在塔利老师的教室里什么是重要的。就因为这样，她现在愿意在故事中增加几页临时的练习册，这并不会减弱她所建立的世界的个性。“B is for ball”可以成为教室故事的一部分，而不会干扰主舞台上的戏剧。

伯尼开车送我回家，莉莲留下来和几位父母闲聊。“这个会开得很好。”我说。

“的确，没有人能像莉莲做的那样，使父母们全心参与。你知道是什么原因吗？因为她尊重那些父母。小朋友们都看得清楚，这是让他们在学校感到安全的众多因素之一。”

“这很有意思，伯尼，莉莲那么轻易地在练习册的问题上妥协，可是，在上一次会议里谈到的处罚的问题上，却一步也不让。”

在下一个红灯停下来时，伯尼转头看着我说：“我太太在处罚的问题上是绝不会让步的。一寸也不会让。这就是她。而练习册只不过是枝节而已。对她而言，不重要。一个教室里，如果小孩因为年幼无知而受罚，她绝不会去当那个教室的老师，一个学校如果是这样，她大概也不会去当那里的老师。她认为那是虐待孩子。每一位和她共事的老师及父母，都必须接受这一点，如果他们觉得这是一个障碍，他们就必须自己去克服。”

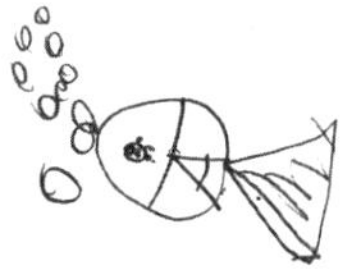

我看了看日历，知道是时候离开塔利老师的教室了。从开始的一次拜访，变为多次的拜访，差不多四个月过去了。先前答应要做的事，本来以为还远着呢，突然发现就在眼前了，得立刻动手了。

我最后一次到那个学校的时间，恰巧是玛蒂·帕里什第一天上班的日子。当我走进教室时，她正在组装埃莉萨的手提婴儿床和玩具笔。“塔利老师告诉我们，你以后不再来了。”她说。

“我会想念你们大家的。就像亚力克斯以前那样。你看他，把他喜欢的玩具和书本都聚拢在一起。他还和以前一样喜欢《小红母鸡》吗？”

“他有新欢了。是《小火车头做到了》[1]（*The Little Engine That Could*）。”

“我想我能，我想我能……”

“不管白天还是晚上，”她笑道，“我们都会听到这句话。我们坐着火车到北卡罗来纳州去，在那里，我爸爸给了亚力克斯这本旧书，是我小时候的书。就这样，小红母鸡便失宠了。家里的每一个人都得念《小火车头做到了》给他听。”

“我想知道，亚力克斯还会问那辆失控的手推车吗？你的故事里的那辆手推车。”

玛蒂对着我微笑。“你还记得那件事？噢，对了，你都把事情写下来了，所以你都记得。是这样，我们一下火车，亚力克斯甚至还来不及拥抱我爸爸，就说：‘我妈妈的手推车在哪里呢？’那辆手推车深深地扎根在他心中了。”

“而且，他不必写下来。”我们两人相视大笑，突然，我体会到，我会多么想念那些来拜访的日子。

几分钟之后，莉莲把我叫到旁边：“我已经告诉小朋友，你今后不能再来的原因。”

---

[1] 美国童话故事。1930 年出版后在美国广为人知，这个故事教导孩子们要善良乐观，自信勇敢。

“你怎么说的？”

“你必须去拜访别的学校的小朋友，听他们的故事，西娅说：‘她要去说喜鹊的故事给他们听。’”

“西娅比我更了解我自己。”我伸手到手提包里，“我倒是有一个分离的故事要讲给大一点的三四岁的小孩听。实际上，我做了伯尼班上的小朋友做的，我做了一本书。”它是一个线圈本，封面是硬纸板，内页是厚厚的白纸，艺术家做素描用的那一种。打开之后，在跨页的一边是我画的图，我的画风和孩子的并不像，另一边是我写下的故事。

那一天结束之前，当孩子们聚在一起听“长故事”时，我拿出我为他们做的书。“它就像伯尼老师班上的小朋友为你们做的书一样，不过，这本书写的是喜鹊和尼尔女士还有他们的小宝宝的故事。”

“谁说这个故事给他们听？”德韦恩问。

“你的意思是，因为它被写下来了吗？我给自己讲了这个故事，再把它打印出来。现在，我念给你们听。封面上这三个字就是故事的名字，它叫作《孵蛋书》（*The Eggs Hatch*）。”

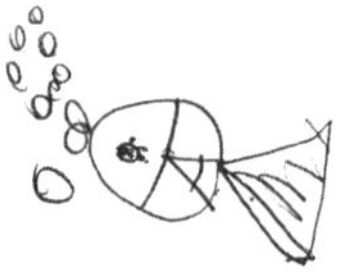

尼尔女士听到从紫朱雀鸟蛋里发出来“嗒嗒嗒”的声音。“注意听，喜鹊，我们有一个小宝宝要出壳了。”

“它在动了，一点点，”喜鹊说，“你看，其他的蛋也在动。他们要多久才能把壳啄破，跑出来呢？我们能帮忙吗？”

“不行，喜鹊，他们必须自己努力，啄与敲会帮助他们变得更强壮。这大概要花费他们一天一夜的时间。到了明天早晨，所有的小宝贝就都孵出来了，五只喜鹊，一只紫朱雀。”

当学校的女校长和小朋友们来到鸟巢时，小鸟宝宝的嘴巴已经张得大大的了，在等着吃东西。喜鹊和尼尔女士飞进飞出，忙着为他们那些饥饿的小宝宝送食物，不过，他们还是停下来，把每一个小宝宝介绍给小朋友们认识。

“这是我们第一个出生的小宝宝，朱雀鸟，是女孩，你们看，我们叫她比阿特丽克斯小姐，用我们亲爱的朋友比阿特丽克斯的名字起的名，是她发现这个蛋的。”

小孩子们开始鼓掌，喜鹊提醒他们，不要吓到小鸟宝宝，“他们还很小，你们看，才出生一天而已。”

“对不起，喜鹊，”亚历山德拉说，“我们保证会安静，你可以把他们的名字都告诉我们吗？拜托啦！”

“当然可以，我们有三个男孩，三个女孩，你们已经见过比阿特丽克斯小姐了。这是奥利维娅小姐和奥利安娜小姐。”喜鹊提到她们的名字时，就用他的喙轻轻碰一下她们。

接着是介绍男生。“这是拉姆，这是文尼，最后这个是泽维尔。现在，他们六个你们都见过了。”

雷蒙德想知道那些小宝宝是不是知道他们自己的名字，可是，他觉得喜鹊和尼尔女士都太忙了，所以就没问。

“我们轮流喂他们。”尼尔女士解释道，那时她刚刚回来，嘴里满满的都是虫子和浆果。

“而且，我们也轮流在家为他们保暖，直到他们每一个都干松、变得毛茸茸的为止。”喜鹊补充说，“明天再来，你们会发现他们和今天很不一样。”

在返回学校的路上，女校长把小鸟宝宝的名字编成歌来唱，小朋友们一个接一个地跟着唱。

“比阿特丽克斯小姐，嚓啦啦。”

“比阿特丽克斯小姐，嚓啦啦。”

“奥利维娅小姐，嚓哒哒。”

“奥利维娅小姐，嚓哒哒。”

当他们唱到“泽维尔，泽维尔，咚哒咚”时，每一位小朋友都记得每一个小鸟宝宝的名字了。比阿特丽克斯小姐、奥利维娅小姐、奥利安娜小姐、拉姆、文尼和泽维尔。现在有六个小宝宝可以守护，可以讲他们的故事。有一天，那些小鸟宝贝会长大，会自己说他们的故事。

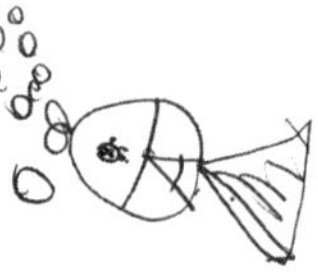

我把书合起来，小朋友们一个一个安安静静的。后来阿利格拉开口问道:“你什么时候会再来？”

“大概是五月，你们种的郁金香开花时，我再来。如果可以的话，说不定更早一些。”

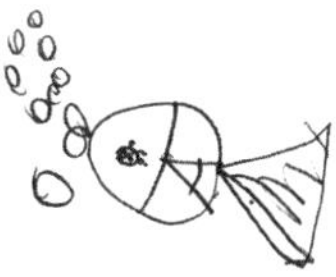

结果，我在接下来的那个星期就回去了。莉莲告诉我，亚力克斯说了一种新的故事。“我想你一定会感到惊奇。”她说。她这种邀请，就像最初那一次的邀约，我是忍不住，非要去赴约不可的。

亚力克斯的老师，在听过了那么多的故事之后，会因为听到亚力克斯的新故事而惊奇不已，那会是什么样的故事呢？我知道，他早就已经过了“妈妈故事”的阶段，他发现他可以将米迪亚与斯图尔特放到他的故事里，他甚至尝试过 X 光人，虽然尚未试出该如何应用它。“X 光人，”他说，莉莲尽责地写了下来，但接下来的那个句子是：“米迪亚和亚力克斯玩。”

在我的笔记本上记的最后一则亚力克斯的故事是这样的：“妈妈带亚力克斯去动物园。去动物园。去动物园。”我当时注意到，他在说故事时似乎是有节奏的，他通过重复最后一个句子制造出诗一般的韵味。

两岁那一班的小孩并不觉得我再出现有什么好惊讶的，虽然我前一个星期已经向他们道别了。我没办法及时赶到现场听他们说故事，但我来得及看他们的演出。

瓦莱丽在门口迎接我，牵着我的手。“我们在做故事。”她告诉我。我想起了我第一天来这个教室的情景。我跟着她走到地毯前，将我的椅子放在他们后面。

她的故事是第一个演出的。她最近刚过了三岁，她的故事比较像是三岁孩子的故事。“瓦莱丽和安杰拉一起去公园。她们在玩。而且，妈妈让我玩。”那两个女生绕着地毯走，然后坐下来，假装挖地，“挖，”瓦莱丽补充道，“你必须挖。”她告诉安杰拉。

亚力克斯的故事是下一个。“小宝贝在睡觉。妈妈是小宝贝。他拿来了奶瓶。”当莉莲念出他的故事时，他妈妈坐在旁边，他看看他妈妈，然后到地毯中央蜷缩起来。

孩子们之前听过他这个故事。他们不觉得惊讶，他们也没有因为地毯上只有一个角色而感到困惑，亚力克斯是小宝贝，他也是妈妈，他把三根手指头放进嘴里。

在瓦莱丽的故事演出时，有几个小孩要演去公园走一走，去挖洞。但是，没有人做亚力克斯故事里的小宝贝。也许是他们了解那是一个私人的场景，不能与别人分享。我又一次感激莉莲让我见识到小小孩说故事那永不完结、永远创新的现象。

在我离开之前，我到大孩子的教室去打招呼，他们欢迎我时说:“喜鹊呢？在哪里？”我向他们道歉，因为我没有办法久留,说喜鹊的故事给他们听,我告诉他们我正要去飞机场,我还拿出飞机票给他们看。

“佩利老师来听亚力克斯的故事，”莉莲说，“是我打电话给她，告诉她亚力克斯要做一种新的故事。”

“什么故事？”西娅问。

“在这里，我读给你们听，”我说，“我把它写在我的笔记本上了。‘小宝贝在睡觉。妈妈是小宝贝。他拿来了奶瓶。’”

“那是一种新的故事吗？”德韦恩问。

“嗯，妈妈是小宝贝。而亚力克斯是妈妈，同时又是小宝贝。”

没有人觉得这个想法有什么奇怪或有什么新颖。“亚力克斯就喜欢说那种故事啊，”德韦恩说，“他可以那样的。我是说，他真是那样的。”

莉莲和我看向彼此。德韦恩的意思是亚力克斯能够同时假装是妈妈和小宝贝，或者更确切地说，他是想知道，在某种程度上，妈妈仍然是亚力克斯的一部分，并没有因为来了一个新的小宝贝而和他分离？这些我们必须用书信的方式来交换意见了，当然，莉莲比我更容易有机会知道亚力克斯和德韦恩心中想的是什么。

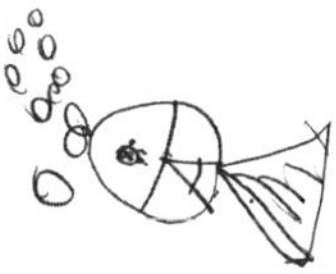

五月里，身披华丽色彩的郁金香高高挺立在花园里，这一景象使我想到阿利格拉的彩虹。是时候再去拜访塔利老师的教室了。

“我小时候认为，郁金香一定是红色的。”我对西娅与阿利格拉说。我们被派去篱笆旁的小树丛那收集紫丁香，然后我们停下来观察郁金香。

我用脚踏平了一小块泥土，并刮出锯齿曲线，我们总是这样画郁金香。“上、下，上、下，上、下，三点，涂上红色，加上绿色的茎。好了！一朵郁金香。”

女孩们借用我的树枝，在我的花旁边，画出她们的郁金香，然后，给莉莲的郁金香的颜色命名。“红、白、黄、粉红、橘色、紫朱雀……”

“紫朱雀？你们称紫色郁金香为紫朱雀？”

“塔利老师这样叫的。”

在这里故事不会消失，不会被遗忘，能回到这里真好。“兔子爬山了吗？”我折下紫丁香交给两个女生时问她们。

“迈克不想要他爬。”西娅说，“有时候是一只老虎背他。或是一头狮子背他。”

阿利格拉跪在地上，用她的手指画出另一朵郁金香：“但是现在他不是兔子，他是狮子。”

“嗯，我不觉得惊讶。人确实会假装成别的角色。”我又给了阿利格拉一束紫丁香，“我第一次来看你们时，你说了一个没有人注意的女孩的故事。”

“后来，她注意到一张红沙发，上面有粉红色的玫瑰花。”西娅回忆道，“我是说，那是在我的故事里面。”

我们坐在长凳上，一面把花分别插入三个篮子里，一面闲聊。“顺便问一下，现在，亚力克斯的妈妈和埃莉萨在这里了，他下午还会去大班孩子那边玩吗？”

两个女生点点头。“我们有时候去看埃莉萨，”西娅说，“帕里什老师会让我们推她的婴儿车，只是，我们要很小心，很小心。”

“男生不小心，”阿利格拉摇摇她的头，“只有米迪亚小心。他喜欢慢慢地走。”

他们学会了如此亲密地了解彼此：某一个人行走的样子、跑步的样子、拿什么书、画怎样的画、喜欢某些活动，做什么事会闷闷不乐。他们好像在告诉我们如果我们也能这样去彼此认识，我们不可能彼此觉得陌生。而且，游戏、说故事及演出故事，是最有用的信息来源。

“为什么迈克不想要他爬山？”阿利格拉问西娅。

“因为兔子不再是小兔子了，而且，迈克比较喜欢做狮子。”

当我们提着篮子走进教室时，我高兴得晕头转向，期待着即将开始的新的一天。一只巨大的鸟飞过楼梯上的窗户。“喜鹊，你觉得怎么样？我做得到吗？”

“你做得到什么，女校长？”

“可能一辈子观察小小孩，思考他们说的、他们做的一切吗？”

“尼尔女士和我常常讨论这些东西，”喜鹊回答，“我们的孩子成长得太快了，很快他们就要独立了。想到这，我们就很难过。可是，我们知道，春天来时，我们会有另一群小孩，而且，每一个小孩都将是一个惊喜。”

女校长高兴极了。“当然！这是多么美好的回忆啊。这些新的孩子将源源不断地到来，所有的惊喜都在等待着我们，我们真的十分幸运，你不觉得吗？”

图书在版编目（CIP）数据

塔利老师的教室 /（美）薇薇安・嘉辛・佩利著；杨茂秀译 . — 昆明：晨光出版社，2019.5

ISBN 978-7-5414-9896-1

Ⅰ. ①塔… Ⅱ. ①薇… ②杨… Ⅲ. ①儿童教育 - 家庭教育 Ⅳ. ① G781

中国版本图书馆 CIP 数据核字（2018）第 259094 号

著作权合同登记号 图字：23-2018-096号

T A L I L A O S H I D E J I A O S H I

塔利老师的教室

孩 子 们 ， 我 们 来 说 故 事

〔美〕薇薇安・嘉辛・佩利 / 著　杨茂秀 / 译

出 版 人 吉 彤

责任编辑 李晴川　沈伯杭
封面绘画 毛予瞳（6 岁）
内文插画 毛予瞳（6 岁）

出　　版 云南出版集团 晨光出版社
地　　址 昆明市环城西路 609 号新闻出版大楼
邮　　编 650034
发行电话（010）88356856 88356858
印　　刷 北京华联印刷有限公司
经　　销 各地新华书店
版　　次 2019 年 5 月第 1 版
印　　次 2019 年 5 月第 1 次印刷
开　　本 140mm × 205mm 32 开
印　　张 6.5
字　　数 95 千字
I S B N 978-7-5414-9896-1
定　　价 35.00 元

退换声明：若有印刷质量问题，请及时和销售部门（010-88356856）联系退换。